I0051732

ESSAI

SUR LA

LÉGISLATION DES GRAINS.

Se trouve, à Paris, chez

Firmin Didot, Imprimeur-Libraire, rue Jacob, n° 24.

Potey, Libraire, rue du Bac, n.° 46.

Pélicier, Libraire, au Palais-Royal,

Rey et Gravier, Libraires, Quai des Augustins.

ESSAI

HISTORIQUE ET CRITIQUE

SUR LA

LÉGISLATION DES GRAINS

JUSQU'A CE JOUR,

OU

MÉMOIRE

SUR cette question proposée par la Société d'Agriculture, Commerce, Sciences et Arts du département de la Marne :

QUELS SONT LES MEILLEURS MOYENS DE PRÉVENIR, AVEC LES SEULES RESSOURCES DE LA FRANCE, LA DISETTE DES BLÉS ET LES TROP GRANDES VARIATIONS DANS LEURS PRIX ?

Ouvrage qui a obtenu une Médaille d'or,

Par M. le Chev.er CHAILLOU DES BARRES,

ANCIEN PRÉFET, MEMBRE DE LA SOCIÉTÉ PHILOTECHNIQUE, ETC.

A PARIS,

DE L'IMPRIMERIE DE FIRMIN DIDOT,
IMPRIMEUR DU ROI ET DE L'INSTITUT, RUE JACOB, N.° 24.

1820.

MÉMOIRE

Sur cette question, proposée par la société d'agriculture, commerce, sciences et arts du département de la Marne :

QUELS SONT LES MEILLEURS MOYENS DE PRÉVENIR , AVEC LES SEULES RESSOURCES DE LA FRANCE , LA DISETTE DES BLÉS ET LES TROP GRANDES VARIA- TIONS DANS LEURS PRIX ?

« Quand on étudie ces matières de bonne foi , l'on ne doit jamais suivre « servilement aucune trace , et ce n'est point comme à un guide impé- « rieux qu'il faut avoir recours aux idées des autres, mais comme à un « objet de comparaison utile après ses propres recherches. »

NECKER, *sur la Législation et le Commerce des grains* , IVe partie, chapitre XI.

MESSIEURS,

Lorsqu'on réfléchit sur les questions à-la-fois remarquables par leur importance et leur uti- lité, que vous livrez à la méditation des hommes éclairés, il est impossible de ne point applaudir à l'esprit supérieur et vraiment patriotique qui préside annuellement au choix des sujets qui font l'objet des concours que vous ouvrez.

Si cette sage direction imprimée à tout ce qui émane de la société que vous formez, atteste vos lumières, elle est aussi, ce me semble, une preuve nouvelle de cette tendance continue des esprits à s'occuper de ce qui peut contribuer à accroître le bonheur et la prospérité des hommes. Vous aurez fait mieux que prévenir ce reproche de futilité, trop souvent adressé, avec quelque raison, à plus d'une société littéraire: vos travaux personnels et tous ceux que vous provoquez sont empreints d'un caractère grave qui vous honore.

Mais, parmi les vérités fécondes dont vous avez promis d'encourager le développement, le soin de rechercher et d'indiquer *quels sont les meilleurs moyens de prévenir avec les seules ressources de la France, la disette des blés et les trop grandes variations dans leurs prix*, semble se recommander particulièrement entre tous les efforts qui peuvent être tentés dans l'intérêt public. A cette question si difficile, si compliquée et considérée si diversement à la fin du dernier siècle, par des hommes d'état et des écrivains, amis de l'humanité, se rattache une portion essentielle de la prospérité de la France et se lie intimement aussi le bien-être et le repos de sa nombreuse population.

En effet, il faut dans un pays agricole comme le nôtre, et où les produits du sol sont encore, malgré les immenses progrès de l'industrie, depuis trente ans, la première source de richesse et le point d'appui le plus ferme pour le gouvernement, il faut, dis-je, dans une telle contrée, accorder ce que commande l'intérêt grave d'une nombreuse classe de la société avec les avantages qu'une saine administration prescrit de garantir au cultivateur. Oui, il faut concilier ces deux choses ; là, sur-tout, où la contribution foncière sera long-temps encore la ressource la plus étendue du gouvernement. On ne peut se le dissimuler, l'oubli de cette convenance serait de priver le propriétaire d'acquitter ce même impôt foncier, qui, depuis vingt-cinq années, par sa marche constamment progressive, est devenu de jour en jour plus accablant pour celui sur-tout qui n'est que propriétaire agricole.

Mais, comment parvenir à ce double but, comment unir des résultats qui semblent si fort se repousser l'un l'autre ? Voilà, cependant, ce qu'une législation sur les grains doit embrasser, sous peine de manquer à la solution d'une des parties essentielles de cet important problème : faire que la valeur des subsistances soit à la portée des classes salariées tout en prévenant l'avilissement des prix, et par suite le découragement de l'agriculture.

Je sens donc, messieurs, combien est difficile la question qui nous occupe; aussi, pour m'enhardir à la traiter et m'excuser en quelque sorte de l'avoir tenté, ne faut-il pas moins qu'un amour ardent pour le bien public, un long examen de la matière, une recherche approfondie des faits antérieurs; le rapprochement et la comparaison d'une foule d'actes législatifs qui ont modifié, changé et souvent détruit les systêmes tour-à-tour adoptés par l'administration en France, pendant trois siècles.

Nous verrons d'abord, et le plus rapidement possible, ce que fut dans les divers temps la législation sur les grains. Mais, tout en abrégeant cet examen historique, je devrai insister sur les principales ordonnances qui devinrent, aux différentes époques de la monarchie, comme le type de toutes les dispositions successivement adoptées ou renouvelées jusqu'au jour où parut celle de 1764; puis nous jeterons un coup-d'œil sur la marche suivie par l'administration, depuis le ministère de M. Turgot jusqu'à ces derniers temps : nous finirons par considérer la législation actuelle, et c'est à la suite de cet examen, et après avoir exposé les principes adoptés par la législation anglaise, que nous essaierons d'indiquer celles des mesures qui nous paraissent les plus susceptibles de prévenir en France les disettes avec les seules ressources du pays, tout en évitant (autant que possible) la trop grande variation dans les prix.

Avant le seizième siècle, notre législation ne contient aucun réglement sur les grains; jusques-là on remarque seulement à des distances plus ou moins éloignées, des dispositions isolées, ou nées des circonstances, mais qui ne supposent aucun système suivi (1). Observons cependant, que Charlemagne, qui, en tant de choses a devancé son siècle, nous fournit sur cette matière les premières dispositions qu'une bonne police devait adopter. Dans ses capitu-

---

(1) Les plus importantes de ces dispositions furent rendues sous :

Charlemagne, en 806—809.

Saint Louis, en 1254—1259.

Philippe IV, dit le Bel, en 1305.

Le Roi Jean, en janvier 1350, dans son réglement de police qui est le plus important depuis celui qui avait été fait par saint Louis en 1254.

Charles VI, février 1415.

Charles VII, septembre 1439—1455.

Louis XI, 1462.

Louis XII, juillet 1482.

François Ier, 1539 et novembre 1544.

Charles IX, 4 février 1567, dans son réglement général sur la police du royaume.

Henri III, 21 novembre 1577 ; il reproduisit les dispositions consacrées par Charles IX.

Louis XIII, janvier 1629, etc.

laires il défendit *d'arrher les blés en verd ou
avant la récolte*, etc., etc. Ces défenses depuis
furent répétées dans une foule d'ordonnances,
d'édits, ou de lettres-patentes de nos rois.

Autrefois, les baillis et sénéchaux exerçaient,
chacun dans leur ressort, un pouvoir très-
étendu; celui d'y permettre ou d'y défendre la
sortie des blés et d'autres denrées était au
nombre de leurs droits; mais bien souvent ils en
abusèrent, soit pour permettre l'exportation des
grains au-delà de toute convenance et de l'intérêt bien entendu de leurs administrés, soit
aussi en s'obstinant à conserver, sans motifs, un
superflu qui eût pu être versé utilement dans une
province voisine, en proie à des besoins pressants.
Ces abus furent du nombre de ceux qui fixèrent
spécialement l'attention de saint Louis, au retour
de son trop long voyage dans la Terre-Sainte.
Il régla fort sagement ce qui touchait à l'exportation des grains, en permettant qu'elle ne
fût jamais interrompue, qu'à moins d'une véritable nécessité. Il alla plus loin encore, et par
un sentiment généreux qui honore son caractère, il voulut que la défense de porter des
grains aux ennemis de l'état, durant le cours
des hostilités, ne fût point étendue au temps
des trèves; il y a, ce semble, dans ce principe
d'une législation bienveillante, quelque chose

qui vaut mieux que le siècle auquel appartenait
saint Louis.

Sous Charles V, l'autorité royale acquit plus
de force, et ce souverain commença à placer,
dans chacune des provinces, des gouverneurs;
plus tard, cette mesure s'étendit aux différentes
parties de la monarchie. De ce nouvel établissement résulta naturellement la conséquence,
qu'une portion des pouvoirs précédemment exer-
cés par les baillis, devint le partage des gouverneurs; la traite des blés était trop importante,
et sur-tout la faculté de s'arroger le droit de la
permettre à qui bon semblait, trop enviée, pour
que cet acte de puissance ne fût pas recherché
et disputé par deux pouvoirs jaloux, qui s'en-
trechoquaient journellement. Tel était l'état des
choses, quand François Ier, sentant toute la
gravité de cet abus, songea à y remédier en
réservant uniquement pour lui et pour ses succes-
seurs, le droit précieux d'accorder des *traites
foraines*.

Il usa bientôt de cette faculté, soit en défendant, soit en permettant, dans des circonstances heureuses, le transport et la vente des
blés en pays étrangers. Il paraît qu'il eut cependant besoin d'insister en 1538, sur la ma-
nifestation de sa ferme volonté à cet égard.

Mais il est satisfaisant de trouver dans des
lettres-patentes de ce prince, du 20 juin 1539,

les dispositions les plus favorables à la libre circulation des grains de province à province. Par ces lettres, les citoyens sont non-seulement dispensés de solliciter des passeports et des permissions des gouverneurs et autres officiers, mais il est encore dit : et si *par contrainte d'autorité autrement, pour rédimer vexation, nosdits sujets prennent permission ou sauf-conduit; nous voulons que de cette faute ils en soyent moultés et punis d'amendes arbitraires par les juges* etc., etc., d'autres peines sont réservées aux autorités qui méconnaîtraient le vœu du souverain.

Avouons, cependant, que ce roi fut le premier aussi qui établit des droits considérables sur les grains qui sortaient du royaume. Celui que ses lettres-patentes du 20 novembre 1539 fixèrent par tonneau, ne représenterait pas moins de quinze francs de notre monnaie d'à-présent.

Nous n'avons aucun acte à signaler sous Henri II; mais le court règne de François II, fut marqué par un édit du 20 décembre 1559, qui avait pour objet essentiel de soumettre à une sorte de régularité les délivrances de permissions de sortie des grains. L'intention de prendre chaque année en considération la situation des provinces, afin de reconnaître la convenance ou l'impossibilité de permettre la sortie des blés est annoncée dans l'édit. Il consacre enfin dans le dispositif, la création d'un bureau à Paris, tout-à-la-fois chargé de recueillir des informations sur les récoltes et de délivrer les permis de sortie pour l'étranger jusqu'à concurrence de la quantité de blés susceptible d'être exportée chaque année.

Malheureusement, l'exécution de cet édit ne survécut pas à l'année, dont se composa le règne du monarque, et cela est à regretter, car les mesures qu'il prenait étaient déja le commencement d'une administration qui recherche l'ordre et veut agir avec discernement.

Cependant le conseil de Charles IX, dont l'attention est éveillée par les disettes des années 1565 et 1566 et placé sous l'influence salutaire du chancelier de l'Hôpital, inséra dans un réglement du 4 février 1567, d'ailleurs très-étendu sur la police du royaume, de nombreuses dispositions sur l'objet qui nous occupe. Les plus essentielles étaient celles-ci : 1° il ne pourra se faire de transport de grains hors du royaume, sans permissions exprimées par des lettres-patentes, et cela sous des peines très-sévères ; 2° les gouverneurs et les autres magistrats des provinces avertiront le roi de l'abondance ou de la stérilité de leurs provinces ou juridictions; 3° enfin les transports intérieurs d'une contrée à l'autre, s'effectueront sans qu'il soit besoin de demander aucun congé ni permission.

Par un autre édit (celui de 1571), le même souverain, à l'exemple de François Ier, déclara *qu'il regardait comme un droit qui lui était entièrement propre et inhérent, la faculté d'accorder les permissions de transports de blés hors du royaume.* La circulation intérieure est de nouveau respectée, puis suivent des dispositions réglementaires fort étendues, au milieu desquelles s'en rencontrent de passablement fiscales. La même ordonnance indique les ports et passages que devront adopter les transports de grains ; enfin, elle crée un contrôleur-général des traites de grains, et les intérêts du trésor semblent être placés au premier rang des attributions qui lui sont données.

Trois ans après être monté sur le trône, Henri III publia son réglement du 21 novembre 1577, qui embrassait diverses parties d'administration publique. Cet acte, peu différent de celui qu'avait fait son prédécesseur dix ans auparavant, reproduit également, pour ce qui concerne la police des blés, les dispositions de Charles IX.

Ici, comme en 1567, la nécessité d'exporter, en cas d'abondance, est avouée ; la convenance de n'apporter aucun obstacle au transport des grains entre les provinces du royaume est reconnue ; et le renouvellement, toujours fort utile, d'injonctions aux gouverneurs de ne point troubler cette libre circulation des subsistances, y est exprimé; le souverain veut que lui seul puisse, dans de certains cas, suspendre ce régime, soit pour causes majeures, soit enfin dans l'intérêt de sa capitale.

Pendant une partie du règne de Henri IV, les guerres civiles et les malheurs qui en sont les conséquences, durent produire leur terrible effet sur l'agriculture : la disette fut toujours la compagne de la discorde dans un royaume. Cependant, trois ans après la paix de Vervins, l'influence d'une administration toute paternelle se fit déja sentir; et si des réglemens, qui trop souvent ne sont que des recueils d'entraves et d'empêchemens pour l'agriculture et l'industrie, ne signalèrent pas le ministère de l'ami du bon et grand roi, le prince put néanmoins, à la suite de conjonctures si fâcheuses pour l'État, proclamer bientôt le retour de l'abondance, en permettant, par ses lettres-patentes du 26 février 1601, la sortie des grains. Rapportons le préambule de cet acte; aussi-bien ne dois-je pas craindre que l'on m'accuse de longueur en faisant parler Henri IV.

Henri, par la grace de Dieu, Roi de France et de Navarre, à tous ceux qui ces présentes lettres verront, salut :

« Depuis deux ou trois ans que par la grace

« et bonté divine, nous avons redonné le repos
« à nos pauvres sujets, et qu'ils reçoivent quel-
« que relâche de tant de pertes et ruines qu'ils
« ont souffertes auparavant ; ayant par leur tra-
« vail et bonne diligence remis sus et en valeur
« les terres qui, pendant ces derniers troubles,
« étaient demeurées désertes et sans culture :
« Dieu, bénissant leur labeur, a donné géné-
« ralement en chacune des provinces de notre
« royaume, des fruits et grains en grande quan-
« tité ; desquels considérant l'abondance, et
« qu'il était impossible que ce qui était re-
« cueilli en icelui y fût consommé, pour en évi-
« ter la perte et donner moyen à nos sujets de
« s'en prévaloir en leurs nécessités, nous au-
« rions eu agréable ci-devant de relâcher les
« défenses, de tout temps faites par nos prédé-
« cesseurs, de transporter lesdits grains hors
« notre dit royaume, et pour l'effet susdit, et
« le besoin que nous avions aussi de retirer la
« commodité dudit transport, nos affaires étant
« encore fort nécessiteuses et incommodées,
« nous l'aurions permis et accordé en aucune
« des provinces de notre royaume, moyennant
« quelque subside et impôt : duquel nous pou-
« vant à-présent passer, que nous sommes
« moins chargés de dépense, et d'autant plus
« desireux de l'aise et contentement de nos dits
« sujets, et qu'ils puissent plus utilement se

« servir et aider dudit transport, dont nous
« avons agréable que le seul profit leur demeure
« et que les états et pays voisins en soient aussi
« soulagés et secourus en leur nécessité. Pour
« ces causes, etc. etc. etc. »

Combien ce style diffère de la sécheresse,
souvent impérieuse, dont sont empreints cette
foule d'actes souverains publiés depuis des siècles. Si plus tard a succédé à la sécheresse,
l'élégance, la correction, un certain luxe de pé-
riodes et même de sentiments affectueux, d'où
vient donc que nulle part, cependant, nous ne
retrouvons les traces de cette bonté touchante
qui se montre ici. Disons-le, c'est que Sully,
ame noble, et digne ami de son maître, était
dans le secret de son amour pour son peuple,
et qu'il s'identifiait réellement avec Henri IV,
toutes les fois qu'il avait à exprimer quelques-
uns des sentiments habituels de son roi.

Terminons ce qui nous reste à dire sur l'historique de la législation des grains, pendant ce
règne, en ajoutant que le principe de la circulation des grains, dans l'intérieur, fut maintenu.
Nous lisons, en effet, dans un passage des Mé-
moires de Sully, que le juge de Saumur, ayant
arrêté la marche d'un transport de grains, le
sage ministre l'improuva fortement.

Louis XIII adopta, par son édit de 1629, les

règles posées par Charles IX eu février 1567,
et de Henri III, en novembre 1577.

Quand il prohiba le transport des grains hors
du royaume, il ne porta aucune atteinte à la
circulation intérieure. Les lettres-patentes du
30 septembre 1631, par exemple, tout en défendant, sous peines corporelles, de tirer et
conduire hors de France des grains, disent : *Il
est permis néanmoins, pour le bien de nos sujets, de les transporter de province en province,
pour s'en servir et assister.*

Cependant, il est à observer que l'administration, durant ce règne, sans avoir à déplorer
aucune disette, sembla voir avec quelque effroi
les exportations. Déja nous avons remarqué que
des peines corporelles étaient encourues par
ceux qui contrevenaient aux dispositions de ces
lettres-patentes de 1631. Mais la législation alla
bien plus loin encore ; je retrouve un arrêt du
conseil, du mois d'avril, approuvé par le roi,
qui prononçait la peine de mort *contre toute personne de quelque rang et condition qu'elle fût,
qui transporterait des blés hors du royaume.*

Ce dernier acte, quoique postérieur de quelques mois à la mort du cardinal de Richelieu,
est empreint du caractère de sévérité que ce
ministre donna en général à la législation de
ce règne, et qui, à une telle époque, dut vicier

par une rigueur excessive, plus d'une mesure sur les subsistances.

Nous voici parvenus au règne de Louis XIV: voyons si cette époque à laquelle se rattachent des modèles de plus d'un genre, ne nous en offrira pas aussi en administration, et si, plus particulièrement, nous n'aurons pas à reconnaître que, sous le point de vue des subsistances, la législation s'agrandit et s'améliora. Sans doute on aperçoit, durant une suite d'années de ce long règne, l'heureuse influence du génie de Colbert, car elle se retrouve partout cette influence; et si quelquefois elle est gênée et comme obscurcie par une certaine tendance à introduire par-tout les réglements, du moins ne voit-on pas la législation sur les grains emprunter aussi souvent des dispositions aux lois pénales.

De 1657 à l'année 1677, nous trouverons que tous les actes de l'administration, non-seulement maintiennent et conservent la libre circulation dans l'intérieur, mais qu'ils permettent même de transporter au-dehors les grains; si les droits établis sont maintenus, quelquefois ils sont modérés. Colbert semble épier l'instant où la cessation de la guerre rend les besoins du trésor moins pressants pour restreindre ces droits (1); quelquefois même, pour n'en exiger

_____

(1) Ordonnance de 1669.

aucuns. A la vérité, le retour des hostilités est bientôt aussi le signal de la détresse et de la nécessité d'obtenir de l'argent. Ce fut ainsi que, en 1674, il fallut, au dire de Lamarre, rétablir les droits à la sortie des grains.

Cependant reconnaissons que la fiscalité qui prédominait d'une manière plus ou moins sensible dans les édits de François Ier sur cette matière, se montra moins âpre sous Louis XIV.

Si ce bureau, établi à Paris sous François II, était déja une pensée utile et un pas de fait dans les bonnes voies, il devenait cependant assez difficile que les magistrats appelés à le former, obtinssent jamais avec exactitude et célérité de *gouverneurs et officiers* qui ne leur étaient point subordonnés, les renseignements essentiels sur les récoltes, sans lesquels, cependant, ils restaient sans guide dans la délivrance des permissions. D'ailleurs, nous l'avons dit, cette institution qui méritait un meilleur sort, tomba dans l'oubli au moment même où mourut le souverain qui y attacha son nom.

Le contrôleur de l'édit de 1571, fut bien imaginé aussi pour correspondre avec les gouverneurs et autres officiers dans les provinces ; mais ici le résultat des informations touchant l'état de la récolte chaque année, devait être publié, et véritablement en matière de subsistances, ce n'était pas un médiocre inconvénient que cette publication périodique. Quel danger, par exemple, ne devait-on pas trouver dans la révélation des rigueurs de la terre !

L'établissement des intendants permit, sous Louis XIV, au ministère de recueillir directement et plus sûrement de ces magistrats habituellement placés sous ses ordres, des données plus précises, sur la véritable situation des provinces; les besoins furent donc mieux connus et mieux appréciés. On put hâter, favoriser le transport à l'étranger d'un superflu qui périt ou tout au moins perd beaucoup de son prix, si l'opportunité ne préside pas en quelque sorte à son exportation.

De 1677 à 1682, on remarque que la législation varie, et qu'elle prend déja, pour ainsi dire, quelque chose de cette flexibilité qui lui permet d'étudier et de suivre les besoins des peuples, l'abondance ou la médiocrité des récoltes. Déja, aussi, on voit que les arrêts du conseil, qui permettent la sortie ou la suspendent, ne s'appliquent pas toujours à la totalité du royaume. Comme nous l'avons dit, l'administration s'est perfectionnée, ses actes ne sont pas exempts de prévoyance ; une province a-t-elle été mieux traitée par la nature que telle autre, l'exportation n'est autorisée que pour celle où l'abondance existe, tandis que dans la contrée où le grain conserve un prix plus élevé, elle est différée.

Mais des circonstances graves, périlleuses, vont bientôt s'offrir. A des revers d'autant plus affreux, qu'une série non interrompue de succès éclatants avait éloigné jusqu'à l'idée des chances désastreuses de la guerre, de mauvaises récoltes, telles qu'on n'en comptait point depuis un siècle, vont déconcerter la marche de l'administration, et porter l'effroi dans l'ame du monarque. Une législation tranchante, la prohibition de toute exportation, les dispositions réglementaires les plus minutieuses décéleront les embarras du gouvernement. D'ailleurs Colbert n'existe plus, et cependant le génie d'un grand homme suffit quelquefois à peine pour démêler, dans de telles crises, les mesures à prendre, et sur-tout celles que la sagesse prescrit d'éviter. Le 13 septembre 1692, une première ordonnance défendit la sortie par mer de toute espèce de grains du royaume, pour être transportés dans les pays étrangers. Le 16 mai de l'année suivante, les inquiétudes se sont accrues, et un arrêt du conseil *ordonna la visite des blés dans les magasins des villes et autres lieux du royaume.*

Comme si une administration, en trahissant

par de telles mesures ses propres inquiétudes, pouvait calmer celles des peuples et ramener l'abondance en annonçant, par de semblables précautions, qu'elle n'existe pas. Mais il fallait plus d'un siècle pour mettre dans tout son jour cette grande vérité, qu'en matière de subsistances le gouvernement doit se méfier de son intervention, lorsque sur-tout elle se manifeste par des actes publics. Le besoin du pain qui est si réel, si positif, s'accroît encore de toutes les craintes de ne pouvoir le satisfaire. Alors il devient un immense levier capable d'ébranler, même les bases de la société : c'est que l'imagination s'empare des appréhensions, des craintes, des dangers ; qu'elle les grossit et que, dans la rapidité et la vivacité de ses images, elle montre la famine et toutes ses horreurs aux yeux d'un peuple entier.

Le 12 septembre 1693, un arrêt du conseil du roi enjoignait aux *marchands, laboureurs, fermiers, autres particuliers, et aux communautés, de vendre leurs blés avant le 1*er *décembre même année, en ne s'en réservant pas au-delà de ce qui était nécessaire pour leurs provisions pendant six mois, et cela sous peine de confiscation desdits blés au profit des pauvres.* Le même arrêt contenait la défense *à toute personne de s'attrouper et d'empêcher la liberté*

du commerce , transport et passage de grains ,
sous peine de la vie.

Nous voyons par cet acte que l'administration
sentait l'utilité de protéger la circulation des
grains dans l'intérieur du royaume , de seconder les efforts du commerce ; mais ce même arrêt n'ordonnait-il pas , sous peine de confiscation , aux négociants , de vendre dans un délai
de moins de trois mois ; et par une semblable
disposition , ne détruisait-il point tous les bons
effets qui auraient pu résulter de cette protection promise à ceux qui se chargeaient de rétablir l'équilibre entre les provinces , en portant
des blés là où les besoins étaient plus impérieux.
Répétons-le , cette espèce d'inconséquence tenait , d'une part à l'effroi , et de l'autre à l'ab-
sence de l'adoption du salutaire principe qui
prescrit , sous peine des plus grands maux , de
ne point gêner les citoyens dans la disposition
des subsistances qu'ils possèdent.

Nous remarquerons que c'est précisément un
siècle plus tard , en 1793 , que la *Convention*
promulguait des décrets qui empruntèrent plus
d'une de leurs dispositions aux ordonnances que
rendit Louis XIV en 1693 et l'année suivante.

Une nombreuse population réunie sur un
seul point , rapprochée d'ailleurs , pour ainsi
dire à chaque instant , par cette multiplicité de

rapports et d'intérêts qui la mettent incessamment en présence , commande à un gouvernement habile des règles spéciales d'administration sous plus d'un rapport. Elle lui prescrit , sur-tout, de ne pas confier son approvisionnement en grains , uniquement à la seule prévoyance qui résulte de l'activité et de l'intérêt du commerce. Lorsque la capitale d'un royaume se compose d'une population de près de 800 mille habitants , unissant dans sa composition tous les contraires , comptant parmi elle , à côté de l'extrême opulence , l'excessive misère , et l'habitant dont l'or peut en quelque sorte défier toutes les chertés , et l'homme nécessiteux qui s'éveille chaque jour avec la faim ; cette population réclamera , dans tous les temps , un régime spécial en matière de subsistances. Un arrêt du 15 septembre 1693 , prescrivit dans les graves circonstances où l'on était placé , *de faire transporter pour la subsistance du peuple de la ville de Paris , les grains qui se trouveraient achetés dans tous les lieux du royaume , pour ladite ville.*

Ici cependant l'application du principe d'exception pouvait devenir terrible, en ce sens , que la famine de telle province pouvait très-bien être le prix de l'espèce d'abondance qu'on voulait procurer à la capitale , puisque les achats venaient de s'effectuer au milieu même de la disette; mais alors on ne connaissait point encore ces réserves utiles et prévoyantes établies depuis pour Paris : sa population ne pouvait donc guère être secourue que par une mesure brusque et violente qui aggravait en même temps la situation d'une contrée voisine.

Plus tard nous aurons occasion, en examinant des faits qui se rattachent à notre temps , de signaler , comme une cause d'embarras, l'atteinte portée dans une occasion grave à cette même réserve de la ville de Paris.

Si les progrès en bien sont lents, c'est en administration qu'ils sont sur-tout tardifs. Une bonne idée restée isolée n'a pu germer et produire par son développement une autre idée , qui elle-même à son tour fût devenue féconde.

Les grains étaient dans leur mouvement , leur transport , assujettis à des droits d'entrée , de péage. L'idée de les en affranchir dans les circonstances où l'on se trouvait, vint, et l'arrêt du 22 septembre 1693 eut cet objet. Mais la pensée de stimuler le zèle et l'intérêt particulier des négociants ; en offrant une prime à ceux qui iraient chercher au-dehors des grains pour accroître d'autant les ressources intérieures, ne se présenta pas. Nous remarquerons aussi qu'à cette époque l'administration voyait dans les

droits mis sur les blés sortant du royaume,
dans les temps d'abondance, uniquement une
ressource pour le trésor, et non une mesure
propre à tempérer cette même exportation.

Une déclaration du 22 juin 1694, en renou-
velant la défense à tous marchands, ainsi qu'à
tous autres particuliers, *de faire aucuns achats,*
marchés ou arrhements de grains en verd, sur
pied et avant la récolte, sous peine de confisca-
tion desdits grains, de leur prix, de 1000 francs
d'amende, et même de punitions corporelles en
cas de récidive, consacra de nouveau une disposition utile et qui a survécu aux circonstances qui la dictèrent.

Cependant la cupidité accrut par ses manœuvres les embarras de l'administration. Sans partager entièrement la disposition où est un écrivain, d'ailleurs recommandable, Lamare, de
voir dans tout homme qui vend du blé un ennemi de l'humanité, il est constant que l'éléva-
tion du cours des subsistances ne détermina
pas toujours ceux qui possédaient des grains à
les conduire aux marchés. Ils virent dans ce haut
prix le gage d'un plus grand renchérissement ;
mais aussi les marchés furent plus d'une fois
troublés durant cette crise ; et la crainte d'être
pillé dut éloigner plus d'un marchand honnête.
L'épouvante, du reste, fut extrême pendant

cette cherté qui embrassa trois années. L'arrêt du conseil du 13 octobre 1693, après avoir prescrit d'abord à tous *propriétaires et fermiers* d'ensemencer leurs terres , déclarait, qu'à défaut par eux de le faire, toutes sortes de personnes pouvaient cultiver et semer lesdites terres, leur donnant l'assurance qu'elles récolteraient paisiblement, et sans même être obligées d'en remettre aucune portion quelconque aux propriétaires ou détenteurs de ces terres ; non plus que de payer à cette occasion *aucune rente ni redevance aux seigneurs en la censive desquels elles étaient.*

Cette disposition serait restée , je pense , unique dans l'histoire de la législation , si l'autorité n'avait pas cru devoir y recourir sous le même règne , à une époque encore plus désastreuse. Ce sont les seules fois que des hommes aient été assez subjugués par les terreurs qu'inspire la famine , pour renoncer à confier à la terre la faible portion de grains qui est le gage de ses dons.

Le gouvernement eut beaucoup d'énergie à déployer pour maintenir la tranquillité dans les marchés de Paris. Nous voyons que les boulangers , durant cette crise , ne marchaient guère qu'escortés par *les brigades du prévôt de l'île.*

Dans l'année 1693, le roi avait fait acheter

des blés à Dantzick ; mais ce secours n'étant point considérable diminua bien peu les besoins. Au reste, la sollicitude du souverain ne se borna pas là. Des fours furent construits dans son propre palais, pour cuire le pain, qui chaque jour était distribué dans cinq lieux différents de la ville, à un prix de moitié inférieur à celui qu'il se vendait chez les boulangers. Le sort des prisonniers pour dettes fixa aussi l'attention des magistrats. Un arrêt du parlement de Paris pourvut à la juste augmentation que l'humanité réclamait en leur faveur. Sur des observations qui furent présentées au roi, on substitua aux distributions de pain dont nous venons de parler, des secours en argent qui s'élevaient jusqu'à 120,000 francs par mois. Sans doute il faut louer tous ces efforts de Louis XIV pour soulager son peuple ; mais dans une monarchie absolue les sacrifices d'argent que fait un souverain sont bien loin d'inspirer le même intérêt, d'obtenir les mêmes bénédictions que les dons du monarque dont la fortune ne se confond pas avec celle de l'état. Là, où ce qu'il donne est pris sur le revenu qui lui est attribué par la loi ; là, en un mot, où le trésor de la nation n'est pas celui du prince, il y a bien plus à louer. Dans le premier cas, nous nous bornons à applaudir à un emploi utile des deniers publics ; mais cet acte ne s'adresse qu'à notre esprit, à notre raison. Si de nos jours un auguste successeur de Louis XIV a voulu qu'une portion importante de son revenu secourût ses sujets dans un temps de disette , c'est avec le cœur que nous apprécions un tel acte ; et c'est la reconnaissance des peuples , et non pas seulement la froide estime , qui répond à ce mouvement généreux du monarque.

La création de commissaires extraordinaires, spécialement chargés de se transporter dans le rayon de trente à quarante lieues de Paris, pour presser les arrivages des grains dans cette ville , produisit quelques bons résultats. Souvent leur présence calma les inquiétudes des citoyens , et tempéra chez plus d'un spéculateur l'avidité du gain. Lamare , conseiller - commissaire du roi au châtelet, dont nous avons déja eu occasion de parler , fut du nombre de ceux qui remplirent de telles missions. Il nous donne des détails curieux sur ses tournées (1) ; mais avec de la droiture dans l'esprit, de l'expérience, beaucoup de sens, des connaissances étendues en matière de police, on s'aperçoit que , habitué à vivre au milieu des contraventions et souvent aux prises

_____

(1) Voyez, pour cette note, à la fin de l'ouvrage.

avec la fraude, il dut par sa position, ses attributions journalières, être insensiblement conduit
à cette disposition qui modifie, comme à notre
insu, l'ensemble de nos jugements sur certaines
choses et sur certains hommes. Aussi cet écrivain, judicieux dans plus d'une occasion, est bien
près de croire que ces mots, *commerce des blés*,
sont synonymes de *monopole des grains*. Les
formes réglémentaires trouvent en lui un apo-
logiste constant et il perd de vue que, si les
objets très-multipliés dont se compose la police
dans une grande capitale, commandent des précautions et des mesures de détails, le législateur
doit laisser chez le *commissaire du quartier*,
cette foule d'instructions qui peuvent bien être
sa règle de tous les jours, mais jamais le guide
de l'homme d'état, en matière de subsistances
sur-tout.

De 1694 à la fin de 1698, l'intervalle de temps
est peu considérable et cependant le retour d'une
récolte très-médiocre se fit sentir dès 1698 ; aussi
déja le 22 décembre même année, le roi fit pu-
blier une déclaration portant *peine de mort
contre ceux qui feraient sortir des grains du
royaume.*

Le gouvernement recourut aux mesures à l'aide
desquelles il avait traversé les années 1692, 1693
et 1694 ; son expérience était déja grande, mais

l'administration sous Louis XIV était destinée
à subir, plus d'une fois, la terrible épreuve de
la disette des subsistances. Des commissaires,
de nouveau, parcourent les provinces qui avoi-
sinent Paris; ils visitent les greniers, provoquent
de leur mieux le transport des blés dans la capitale; ils reconnaissent, non sans chagrin, que
dans quelques lieux des blés recoltés en 1693,
à cette terrible époque où leurs possesseurs
eussent pu les vendre l'énorme prix de 5o et
quelques francs le setier, ont été pourtant conservés, comme si la soif des gains usuraires, une
fois allumée, ne pouvait plus être satisfaite par
aucun bénéfice.

Le 31 aout 1699, intervint une déclaration
devenue fort importante, en ce qu'elle renferme
les principes qui ont réglé le commerce des
blés, jusqu'au jour où parut la célèbre déclaration de Louis XV de 1763.

Au milieu de dispositions prévoyantes, la déclaration du 31 d'août en présenta qui se res-
sentirent beaucoup de l'influence des circonstances où elles prirent naissance.

Par l'article Ier, il est défendu à toutes personnes, de quelque qualité qu'elles soient, de
faire à l'avenir *trafic et marchandise de blés*
pour les acheter, vendre et revendre dans l'intérieur du royaume, qu'après en avoir demandé

et obtenu la permission des officiers des justices ordinaires; qu'après avoir prêté serment
devant eux, avoir fait enregistrer les actes avec
leurs noms et demeures aux greffes des mêmes
justices, sous peine de confiscation des grains
à eux appartenant, 5oo livres d'amende, et d'être
déclarés incapables de faire le *trafic des grains*.

Ce n'est pas tout, l'article 3 veut que, si
ceux qui auront obtenu la permission dont il est
question dans l'article premier, *demeurent dans
des villes et lieux où les officiers des sieurs
hauts justiciers, les maires, échevins, consuls,
et autres que les juges ordinaires du roi, ayant
l'exercice de la police, ils soient tenus, outre les
formalités voulues par l'article premier, de se
rendre au greffe des juridictions* qui viennent
d'être désignées, *et d'y faire enregistrer les permissions avant de pouvoir faire le trafic et marchandise de blés.*

Ce fut, par le fait, une atteinte portée à la
faculté que chaque individu a d'exercer une profession; car l'accomplissement des formalités
nombreuses qui étaient à remplir, fut accompagné de tant de difficultés, que depuis, une
commission de marchand de blés devint une
véritable concession que l'autorité put refuser
ou accorder selon son caprice.

D'un autre côté l'article 8 défend toute asso-

ciation entre des marchands de grains; à la vérité l'article suivant leur permet d'en former avec
d'autres individus en se soumettant ponctuelle-
ment à l'exécution des dispositions ordonnées
par les articles 1er et 3e : ils devaient aussi passer, par écrit, des actes établissant lesdites
sociétés.

Ici le commerce des grains est entièrement
mis hors du droit commun; car voilà celui qui
s'y livre privé de la possibilité de s'associer avec
un parent, un ami qui exercerait la même industrie : vainement les deux individus qui conce-
vraient le projet d'unir leurs capitaux et leurs
soins, seraient les plus honnêtes gens du monde, ce
droit leur est interdit. Il fallut donc que le marchand se joignît à un capitaliste étranger à ce
commerce; cela arriva plus d'une fois, et je ne
vois pas trop si les suites de cette association
furent plus profitables au public. Il se pourrait
même que les inconvénients qu'il était dans l'esprit des rédacteurs de l'article de prévenir,
n'aient été plus grands depuis.

Si on se rappelle qu'alors, et bien long-temps
encore après, on ne pouvait faire un pas dans
le royaume sans rencontrer une *barrière* ou un
péage, on comprendra, combien il fut impoli-
tique d'augmenter de telles difficultés, par des
dispositions qui devaient porter le décourage-

ment dans l'ame des hommes honnêtes destinés à se livrer au commerce des blés.

En principe, toutes les fois qu'on jettera le blâme sur une profession, et que les entraves, les obstacles, disons plus, les avanies, seront comme inséparables de son exercice, on s'exposera à accroître le mal qu'on voulait détruire. Les gens sans délicatesse, sans bonne foi, que rien ne rebute, exploiteront seuls désormais la carrière qu'on prétendait leur fermer. Il faut bien le reconnaître; si ce ne fut pas là le but que se proposaient les auteurs de l'ordonnance de 1699, du moins telle en fut, en partie, la conséquence.

Enfin, si depuis, la libre circulation des grains dans l'intérieur, que nous avions vue constamment respectée, sanctionnée dans une foule d'actes législatifs émanés de nos rois à tant d'époques différentes, a été gênée, arrêtée et a cessé par le fait d'exister postérieurement à l'époque qui nous occupe, avouons que c'est par l'interprétation et l'exécution forcée de certains articles de l'ordonnance de 1699, que s'établit une jurisprudence que réprouve une saine politique, et que désavouent tous les errements d'une sage et prévoyante administration (1).

_____

(1) Dans cette ordonnance qui rappelait d'anciennes dis-

Une des dispositions des grands réglements rendus par Charles IX et Henri III, avait été de consacrer *que les marchands ne pourraient pas acheter des blés à moins de sept à huit lieues de Paris* et *de deux pour les autres villes du royaume.*

Louis XIII avait maintenu ces deux dispositions en disant que ce ne serait pas moins de huit lieues pour Paris. Plus tard on crut reconnaître que cette distance de huit lieues n'était point encore suffisante, et un édit de 1672 fixa dix lieues. Enfin le premier septembre 1699, une déclaration interdit, par une disposition législative, aux boulangers de Paris, de s'approvisionner dans le rayon de huit lieues de la capitale. Mais elle leur conserva la faculté d'acheter au marché de Limours (1) et sur les ports et halles.

---

positions et en introduisait de nouvelles, on eut encore le tort de ne pas s'expliquer sur le maintien du principe de la circulation intérieure.

(1) Le bourg de Limours n'était qu'à sept lieues et demie de Paris, mais il faisait partie du comté du même nom, dont le cardinal de Richelieu était seigneur engagiste, et il ne fut pas difficile à l'Éminence d'obtenir de son roi, en 1625, des lettres-patentes qui créaient des marchés à Limours, et de faire décider et maintenir une exception en faveur de ce bourg. Les boulangers y trouvaient leur compte, et le premier ministre aussi. Un peu plus tard, le comté de

A une époque bien désastreuse se rattachent les derniers actes de Louis XIV, en matière de subsistances. Nous sommes arrivés en 1709 : ce ne sont plus des chertés qu'on peut attribuer en partie, à la cupidité, aux vices de la législation, ou aux effets causés par quelques récoltes médiocres ; c'est à la famine que le royaume sera en proie. Ainsi à tous les désastres dont la mauvaise fortune peut accabler un Souverain soumis aux représailles les plus terribles de ses ennemis, l'inclémence et la rigueur des saisons joindront tous leurs fléaux. Louis XIV et son conseil emprunteront aux deux époques de son règne que nous avons signalées, la plupart des mesures qui l'ont aidé, lui et son peuple, à sortir de si cruelles épreuves : mais le retour à des principes plus féconds en bons résultats, l'amenèra aussi à proclamer par des arrêts du conseil des 27 août et 21 septembre de cette funeste année 1709, *que le libre commerce des grains, farines, etc., est autorisé entre toutes les*

Limours ayant été acquis par M. le duc d'Orléans, frère de Louis XIV, le privilége fut facilement conservé, grace à des lettres-patentes de 1643 qui, entre autres bonnes raisons, disaient *que le bourg de Limours était à l'extrémité des sept lieues, et, par conséquent très-proche de la huitième.* C'était à l'aide et sous l'empire de telles influences que les règles qui semblaient être les plus inviolables, étaient souvent enfreintes.

*villes et provinces du royaume avec décharge de
toutes les formalités précédemment prescrites.*
Tout ce qu'il y avait d'exagéré dans les règles
posées par la déclaration d'août 1699 sera donc
réprouvé dans les moments de danger ; au surplus ce ne sera pas la seule fois que l'état aura
échappé à la famine par le respect accordé à la
libre circulation des grains entre les sujets d'une
même nation.

Mais le trésor est épuisé, Louis XIV n'a plus
la possibilité d'y trouver des ressources suffisantes
pour parer à de si grands maux. La population
nombreuse de Paris réclame cependant des secours : dans cette situation, une déclaration du
mois d'octobre 1709, voulut qu'il fût levé sur
tous les droits qui se percevaient dans cette ville,
un dixième en sus, afin que le produit servît
à acheter des blés.

Il était d'autant plus essentiel de multiplier
les secours dans la capitale, que sa population
se trouva bientôt grossie d'une foule de malheureux qui, poussés des provinces par la misère et la famine, vinrent en plus grand nombre
encore qu'en 1693, implorer la pitié dans une
ville que les habitants des campagnes ne con-
çoivent jamais que riche et dans l'abondance
(1). le Souverain excita, favorisa par des remises

(1) Dans cette cruelle année, le setier de blé froment.

de droits et diminutions de charges, l'ensemencement des terres; le cultivateur fut protégé : dans ces temps calamiteux, l'agriculture, si souvent oubliée, écrasée sous la masse des impôts, est remise en honneur.

Heureusement presque tout le règne du successeur de Louis XIV ne fut marqué par aucune disette : l'abondance se maintint presque constamment. Il faut cependant excepter la récolte de l'année 1740, qui fut mauvaise dans les provinces du nord de la France; le blé fut cher à Paris. Cette année et la suivante, le maintien obstiné des réglements de Louis XIV eut de tristes effets. Le commerce, gêné dans son action, ne put secourir les contrées qui souffraient en y portant le surperflu de celles qui avaient fait des récoltes abondantes (2).

L'autorité, comme on le voit, suivait les errements du règne précédent; quelquefois même les droits établis à la sortie furent triplés; l'importation néanmoins fut quelquefois permise.

Arrêtons un instant notre attention sur deux déclarations de Louis XV, l'une du 3 avril 1736, l'autre du 16 du même mois de l'année suivante:

---

pesant 240 livres, valut jusqu'à 69 fr. de notre monnaie actuelle.

(2) La déclaration d'avril 1719, en empruntant l'esprit de celle d'août 1699, avait voulu de plus, *que les blés,*

3.

les dispositions qu'elles contiennent peuvent être considérées, jusqu'à un certain point, comme l'origine des mesures qui depuis ont amené le développement d'un système d'approvisionnement pour Paris ; elles voulaient ces dispositions : 1° *que les communautés séculières, ou régulières, d'hommes ou de filles, chapitres, séminaires et colléges de Paris, du faubourg et de la banlieue ; ussent tenus d'avoir en provision la quantité de blé nécessaire pour leur subsistance, pendant trois années ; 2° qu'un grenier pouvant contenir au moins dix mille muids de blé fût construit par le directeur de l'hôpital-général de Paris, sur un terrain dépendant dudit hôpital, dans la maison de la salpétrière.*

Deux déclarations rendues dans le même temps, étendirent aux marchés de *Meaux* et de *Brie-Comte-Robert,* le droit qui précédemment avait été donné aux boulangers, d'acheter des grains à celui de *Limours.*

Celle de ces déclarations portant la date du 8 septembre 1737, rappelait certaines dispositions de cette ordonnance générale de police de 1577, que nous avons déja vue être si souvent invoquée durant le règne de Louis XIV.

---

farines, ne pussent être vendus, achetés ni mesurés ailleurs que dans les halles et marchés, ou sur les ports des villes, bourgs, etc. C'était rétrograder visiblement. Aussi la circulation intérieure, fut-elle singulièrement entravée.

La nécessité d'affranchir le commerce des grains dans l'intérieur, de cette multitude d'entraves existantes dans le royaume sous les noms de *droits, péages, pontonnages, travers, coutumes et autres droits*, se faisait cependant vivement sentir: un arrêt du conseil du 10 novembre 1739, *défendit aux villes, communautés, seigneurs, ecclésiastiques ou laïques, et à toutes autres personnes sans exception, de percevoir aucun droit quelconque sur les blés, farines, etc.*

Mais six mois ne s'étaient pas écoulés depuis que le Souverain avait manifesté la volonté de voir tomber, à l'égard des grains, les barrières qui en gênaient le transport, et contribuaient encore à en accroître de beaucoup le prix dans les temps de cherté, qu'il fallut céder aux privilégiés de toute espèce, disséminés sur la surface du royaume. Aussi, sous le prétexte d'interpréter, d'expliquer l'arrêt du conseil de 1739, un autre arrêt de 1740 déclara que les droits de *poids, mesures, octrois, foires et marchés, et autres de pareille nature*, n'étaient pas compris parmi ceux dont le Souverain avait entendu exempter les grains. On conçoit qu'avec ces mots, *et autres de pareille nature*, il ne dut rien rester des dispositions bienveillantes de l'arrêt du 10 novembre 1739.

Convenons qu'avec de telles résistances s'é

levant de toutes les provinces, et souvent s'appuyant sur un droit dont l'existence était contemporaine de la monarchie elle-même, l'innovation la plus utile n'aurait pu s'introduire qu'avec cette volonté forte et persévérante qui eût pu la maîtriser ; néanmoins une tendance déja sensible vers un régime plus favorable à la liberté du commerce des grains, se remarquera bientôt. Les écrivains du dix-huitième siècle ont mis au nombre de leurs méditations, l'examen des matières d'économie politique; le principe d'une circulation intérieure des subsistances, dégagée de tout obstacle, protégée même, sera proclamé par eux. Bien plus, dans leur ardent amour pour le droit sacré de la propriété et de la liberté, ils croient que ce n'est pas assez de mettre en commun chez une nation tout entière, les subsistances de ses diverses provinces : leurs idées philanthropiques leur suggèrent que le gage le plus assuré de l'abondance, dans tous les temps et dans tous les lieux, est la liberté illimitée de faire sortir du royaume, comme d'y faire entrer les grains. Mus par des idées respectables, puisqu'elles naissaient de leur amour du bien public, s'ils dépassèrent le but, ces écrivains, qu'on désigne sous le nom d'économistes, comptèrent Turgot dans leurs rangs; Turgot, qui vertueux, éclairé, ennemi des abus, plein de franchise, offre quelquefois dans les conseils l'ami d'Henri

IV. Oui, ils se seront trompés ces écrivains, parcequ'ils voient les subsistances se mettant perpétuellement en équilibre, et allant incessamment satisfaire les besoins par tout où ils existent. Ils se sont trompés dans l'une des premières conditions de l'accomplissement de leur système, en supposant les communications par terre et par eau tellement perfectionnées en France, comme dans les contrées qui nous touchent, que le retour du grain serait la conséquence subite de la naissance d'un besoin de subsistances. Dans leurs spéculations bienveillantes, ils ne sauraient même admettre le cas où une politique jalouse succomberait à la tentation de profiter de l'imprévoyance qui nous aurait conduits à ne soumettre nos exportations à aucune règle modératrice. A les entendre, toutes les objections doivent disparaître, comme par enchantement, devant cet axiôme favori : *Laissez faire* (axiôme qui, dans quelque sens qu'on l'interprète, peut avoir des suites si dangereuses), *laissez faire, « le commerce et l'intérêt personnel sont là qui veillent à votre conservation; si les blés deviennent rares en France, c'est en France aussi qu'on les apportera. »* Mais quand y parviendront-ils avec des communications intérieures encore si imparfaites? dites-moi, est-il bien certain que les bateaux ou les voitures transportant des blés arriveront dans les

provinces reculées assez à temps pour prévenir les effets d'une cherté désastreuse ?

Vainement ces écrivains ont-ils répété que
tout homme devait pouvoir disposer de sa chose :
si cela est vrai et s'appuie sur le principe de
propriété qui lui-même est la base de toute société, il n'est pas moins exact aussi que l'usage
illimité de ce droit pouvant mettre en péril cette
même société et celui-là aussi qui en userait,
il faut le restreindre dans l'intérêt de tous.

La déclaration du 25 mai 1763 fut le premier
triomphe des doctrines professées par les économistes; et ce premier succès était un bienfait,
car le but utile ne fut pas dépassé. En effet, elle
permettait à tous individus de faire, ainsi que
bon leur semblerait, dans l'intérieur du royaume,
le commerce des grains, de former même des
magasins; de transporter aussi d'une province
dans une autre, toute espèce de grains et de
denrées, sans être obligés de faire aucune déclaration; enfin elle défendait à tout particulier
possédant des droits de péage et autres, d'exiger aucun *desdits droits sur les grains, farines et
légumes qui circuleraient dans le royaume* (2).

L'édit de juillet donné à Compiègne en 1764,
était un développement plus complet du système
de liberté dans le commerce des grains, que le

_____

(2) Voyez, pour cette note, à la fin de l'ouvrage.

conseil de Louis XV se décidait à adopter. Cet
édit, en rappelant d'abord tout ce qu'avait con-
sacré la déclaration de mai 1763, sur la faculté
accordée à tous de se livrer au commerce intérieur, prononçait que l'exportation des grains
aurait lieu toutes les fois que le prix du quintal de blé, dans certains lieux et ports de la frontière, serait au-dessous de 12 livres 10 sous pendant trois marchés consécutifs: de même et par
le seul fait que le prix du quintal remonterait
à 12 livres 10 sous et y serait resté pendant trois
marchés, l'exportation devait cesser de droit.
L'édit permettait à tout étranger ou régnicole
de faire entrer toute espèce de blés dans l'intérieur du royaume et de les y laisser en entrepôt, les blés un an et les menus grains six
mois (3).

De grands avantages devaient résulter de l'adoption des mesures consacrées par les deux actes
dont nous venons d'indiquer la substance. Si
la fixation d'un seul prix pour tout le royaume,
comme régulateur unique de l'exportation des
grains ou de sa cessation, était insuffisante, at-
tendu la variété très-grande que présentent,
sous le double rapport de la fertilité et des débouchés, les diverses provinces de la France,
cependant on était déjà dans une bonne voie:

(3) Voyez, pour cette note, à la fin de l'ouvrage.

il était réservé à l'administration de nos jours
de déterminer plusieurs prix qui pussent être
comme les indicateurs fidèles de la convenance
de cesser l'exportation dans les principales contrées de la France; idée ingénieuse, mais dont
l'application réclamera toujours des soins extrêmes, une connaissance parfaite des localités,
sous le rapport de leur fertilité, du nombre de
leurs communications et de l'importance de leur
population, soit qu'elle existe disséminée, soit
qu'elle forme de grandes villes. La mer baigne-
t-elle les côtes du pays, est-il traversé par un
grand fleuve? il faut y avoir égard dans un pareil travail; enfin, la situation du département
voisin est encore à considérer, car les subsistances, dans leur mouvement, trompent et dé-
jouent les premiers aperçus; la réflexion, le
rapprochement et la comparaison d'un grand
nombre de données, peuvent seuls expliquer
aux yeux de l'administrateur, ces différences
dont il s'était d'abord étonné (1).

Il y eut en 1769 mauvaise récolte et cherté;
en 1770, récolte médiocre et cherté encore; c'en
fut assez pour faire dévier le conseil de Louis
XV des principes qui avaient été proclamés dans
les années 1763 et 1764. Le retour aux vieilles

_____

(1) M. Turgot oppose le cours du blé à Angoulême en
1740, avec le prix du grain à Paris pendant la même année; et il résulte de cette comparaison, cette différence re-

habitudes d'une administration réglementaire fut subit; il n'en coûta pas beaucoup pour cela : l'édit de 1764, qui devait être *irrévocable*, fut comme non avenu, grace aux lettres-patentes du 11 janvier 1771. Les dispositions favorites de cette bonne déclaration d'août 1699, furent encore une fois adoptées. Ceux qui voulurent se livrer au commerce des grains dûrent revoir tous les greffes du royaume, et mettre dans la confidence de leurs spéculations , tous les *gens y tenant la plume.* Du reste, par les lettres-patentes de 1771 , on eut très-grand soin de déclarer que la libre circulation des grains , de province à province, était maintenue et restait entière.

Cependant l'opinion s'éclairait ; des discussions utiles sur les matières d'administration publique permettaient d'approfondir des questions dont l'examen, jusque alors, avait été interdit (1). De grands fonctionnaires publics, sans

---

marquable , qu'en novembre le setier de froment s'éleva dans la capitale à 45 liv. 12 s. , tandis qu'à Angoulême , il n'atteignit pas tout-à-fait 17 f. Je sais qu'alors le régime réglementaire était un obstacle de plus au nivellement des prix ; mais le commerce , avec la liberté la plus entière, laissera encore des différences très-sensibles dans le cours du blé , entre certaines contrées du royaume.

(1) Indépendamment du livre d'Herbert , il avait paru sur le sujet qui nous occupe , plusieurs ouvrages remar-

s'écarter de l'obéissance, cherchaient eux-mêmes
à éclairer les hommes qui occupaient le ministère.
M. Turgot, alors intendant de Limoges, dans

---

quables. Celui ayant pour titre : *Dialogues sur les grains,*
par l'abbé *Galiani*, est extrêmement piquant et fit sensa-
tion; son auteur, qui semble se jouer de la difficulté de
son sujet, étincelle d'esprit. Souvent, par un rapprochement inattendu, il fait jaillir la lumière et rend sensible ce
que le raisonnement expose et ne démontre que pénible-
ment. Néanmoins, s'il y a beaucoup d'esprit, d'idées fines
dans les dialogues, et si l'ouvrage tel qu'il est, fut un véritable tour de force; il faut avouer que, très-souvent, l'auteur n'adopte aucune opinion et ne conclut à rien. Le spi-
rituel abbé, en économie politique, rappelle quelquefois
l'ingénieux philosophe qui aborde tant de questions avec le
doute. Galiani, comme Montaigne, échappe au moment
où vous pensez qu'il va se prononcer : il s'arrête tout-à-
coup, et un retour sur lui-même le fait rétrograder : vainement a-t-il semblé réunir tant de raisons en faveur du
principe qu'il développait, tout reste dans le vague.

L'abbé fut réfuté par les économistes, c'était tout simple,
son livre attaquait leur doctrine; un autre abbé (M. Mo-
rellet) qu'ils comptaient dans leurs rangs, lui répondit,
mais avec du talent, de la logique et de bonnes raisons; il
ne fit pas oublier les *Dialogues*.

Antérieurement l'abbé *Baudeau*, l'un des économistes
qui montrèrent le plus de zèle et d'ardeur, avait publié plusieurs brochures sur le commerce des grains. L'abbé *Roubaud*
et M. *Dupont de Nemours* en firent autant. Depuis, les auteurs de divers traités d'économie politique, n'oublièrent
pas non plus cette importante question. MM. *Adam Smith,
Filangiéri, Say*, et autres encore, s'en sont occupés.

une correspondance lumineuse, essayait de convaincre le contrôleur-général des effets désastreux qui s'attachent à une législation qui crée des entraves dans le commerce des grains. Nous avons vu par les lettres-patentes de 1771, que les réflexions de l'intendant de Limoges produisirent peu d'effet. L'abbé Terray, fiscal à l'excès, imbu de toutes les doctrines qui tendent à restreindre, à captiver, devait, par goût, préférer, ce semble, tout ce qui ramenait aux formes réglementaires suivies par l'administration pendant deux siècles.

Le règne de Louis XVI, qui s'ouvrit avec la perspective de tout le bien que l'on pouvait attendre d'un monarque dont la première passion semblait devoir être l'amélioration de toutes les parties du gouvernement, fut promptement signalé par le retour aux principes qui avaient dicté la déclaration de 1763. M. Turgot venait d'être appelé au ministère, et des lettres-patentes du 2 novembre 1774 furent un des premiers actes (sur cette matière) dûs à son influence ; elles avaient été précédées, le 13 septembre, d'un arrêt du conseil accompagné d'un exposé fort étendu des motifs qui déterminaient S. M. à donner une entière liberté au commerce dans l'intérieur du royaume (4).

(4) Voyez, pour cette note, à la fin de l'ouvrage.

L'article 5 des lettres-patentes du 2 novembre annonçait l'intention qu'avait le monarque de statuer incessamment sur les règles particulières à la ville de Paris. Effectivement, une déclaration de S. M. donnée à Versailles, le 5 février 1776, abrogea toutes les dispositions qui compliquaient au moins, pour ne pas dire plus, l'approvisionnement de la capitale. Cette multitude de réglements, qu'une police timide et mal avisée avait pris soin d'accumuler depuis deux siècles, disparurent. Ce cercle de dix et de huit lieues, tracé autour de Paris, pût être désormais parcouru par les négociants et les boulangers, dans l'intérêt de l'approvisionnement de la capitale; faire arriver un sac de blé dans Paris, ne fut plus un tour de force. Un fermier cessa d'être obligé de venir à la halle, pour vendre lui-même quelques setiers de blé; il fut libre, à l'avenir, d'emmagasiner des grains dans Paris. Le commerce put s'appuyer sur la prévoyance; l'homme qui, dans un temps d'abondance, acheta des blés avec la pensée de les conserver et de les revendre à une époque où ils seraient plus chers, ne fut plus un ennemi de l'état, et sous la peine des amendes, des confiscations et des avanies de tout genre. Cependant cette déclaration, qui n'était que sage, parut à plusieurs magistrats renfermer les innovations les plus effrayantes. Car le temps qui

imprime aux institutions et aux lois une sanction respectable , prête quelquefois , malheureusement aussi, un appui aux préjugés et aux
routines dans l'esprit de certains hommes. Le
parlement fit donc des remontrances; et, par une
opposition qui avait été quelquefois utile, il pré-
luda, dans cette occasion , aux résistances bien
autrement graves dont il devait plus tard af-
fliger le cœur du monarque.

La déclaration du 5 février 1776 fut enre-
gistrée dans un lit de justice tenu à Versailles
le 12 de mars (5).

La déclaration du 10 février , des lettres-patentes du 25 mai , et une autre déclaration de
septembre 1776 , avaient accordé l'exportation
des grains, d'après les règles de l'édit de juillet
1764 ; c'est-à-dire que la sortie des blés à l'é-
tranger avait lieu ou était suspendue d'elle-
même , suivant que le prix des blés se tenait
au-dessus ou au-dessous de 12 livres 10 sous le
quintal.

La récolte de 1777 se présentant mal, on interdit l'exportation des grains dans le cours de
cette année et pendant la suivante. Enfin , depuis cette dernière époque jusqu'en 1787, l'exportation fut permise ou arrêtée par l'administration, en différentes occasions, selon qu'il y eut

(5) Voyez , pour cette note , à la fin de l'ouvrage.

abondance ou inquiétude sur le produit des récoltes.

Voilà succinctement les principes qui avaient
guidé le conseil, lorsque parut la déclaration du
17 juin 1787, laquelle consacrant que *la liberté
du commerce des grains devait être regardée
comme l'état habituel et ordinaire du royaume*,
l'exportation ne devrait être suspendue que d'a-
près des défenses locales, reconnues nécessaires et
réclamées, soit par quelques-uns des États, soit
par quelques-unes des Assemblées provinciales
qui venaient d'être établies. De plus, il était dit
que ces défenses, qui ne seraient que des exceptions momentanées, ne pourraient jamais
être portées plus d'un an, sauf à les renouveler,
si la continuation des besoins reconnus par les
mêmes provinces l'exigeait.

Arrivons aux dispositions les plus importantes
de cette déclaration, qui, en cessant d'admettre
pour régulateur de l'exportation *un cours déterminé par quintal*, dépassèrent le but d'une
sage et utile liberté, et devaient, en affranchissant l'exportation de toute règle, replacer incessamment le commerce sous le joug capricieux
de l'autorité.

Le passage de la déclaration qui motivait et
énonçait cette disposition est ainsi conçu : « Il
« est maintenant reconnu comme nous nous en

« sommes convaincus, que les mêmes principes
« qui réclament la liberté de la circulation des
« grains dans l'intérieur de notre royaume, sol-
« licitent aussi celle de leur commerce avec
« l'étranger; que la défense de les exporter,
« quand leur prix s'élève au-dessus d'un certain
« terme, est inutile puisqu'ils restent d'eux-
« mêmes par-tout où ils deviennent trop chers ;
« qu'elle est même nuisible, puisqu'elle effraie
« les esprits, qu'elle presse les achats dans
« l'intérieur, qu'elle resserre le commerce,
« qu'elle repousse l'importation, enfin que toute
« hausse de prix déterminée par la loi pouvant
« être provoquée, pendant plusieurs marchés
« consécutifs, par des manœuvres coupables, elle
« ne saurait indiquer ni le moment où l'expor-
« tation pourrait sembler dangereuse, ni celui
« où elle serait encore nécessaire ; et que c'était
« aux inconvénients de cette disposition qu'on
« devait attribuer les atteintes portées à l'exé-
« cution et aux vues de l'édit de juillet 1764 et
« des lois subséquentes. »

Plus d'une erreur est à relever dans ce para-
graphe : est-il bien vrai, que, par cela même,
que les grains atteignent le prix fixé comme indice du besoin de faire cesser l'exportation, il
n'y ait plus d'intérêt de les acheter, ni de les
transporter ailleurs? supposez une récolte mé-

diocre en France et un haussement ; voilà le quintal qui s'élève au-dessus de 12 livres 10 sols ; cependant d'autres pays éprouvent encore des besoins plus grands que les vôtres, et certes, il y aura dans ce cas de l'avantage à venir chercher les blés qui sont chez nous, même à un prix supérieur de 12 livres 10 sols : on ne conçoit pas mieux que l'adoption d'un *cours* comme régulateur de l'exportation puisse jamais avoir pour conséquence de repousser l'importation.

Le motif que le prix déterminé par la loi pouvant être produit par des manœuvres coupables, on ne saurait dès-lors y voir l'indice de l'opportunité ou du danger de l'exportation, n'est pas meilleur ; car ceux-là qui pourraient, à raison de leurs relations, influencer le cours des blés, sont précisément ceux qui sont le plus intéressés au maintien de l'exportation : les cultivateurs, les fermiers et les négociants,

En septembre 1788, il fallut suspendre le transport des grains au-dehors. La grêle avait exercé ses ravages dans plusieurs provinces, et la récolte de cette année se trouva bien moindre qu'on ne l'avait d'abord espéré. Le 23 novembre, un arrêt du conseil défendit les accaparements, prescrivit de ne vendre et n'acheter que dans les marchés et remit en vigueur encore quelques autres dispositions. A la vérité les mesures contenues dans l'arrêt n'étaient prises que pour une année.

Mais les embarras s'accrurent ; les circonstances leur donnèrent un caractère de gravité qui devint alarmant ; une fermentation presque générale existait alors dans les diverses classes de la société ; le peuple, toujours si porté à supposer l'intervention du gouvernement dans toute cherté des blés devait être en 1789, plus crédule qu'à aucune autre époque. C'était le temps, où ses oreilles frappées incessamment de l'existence de nombreux abus et de la nécessité de les détruire, durent aussi écouter, avec le plus de risque, les conseils dangereux qui naissent si facilement du besoin et que la malveillance fortifie toujours avec un grand succès à l'époque où le grain augmente de prix.

Cependant M. Necker, au milieu de tous les obstacles qui embarrassaient déjà le gouvernement et gênaient l'action du pouvoir royal ; avec des finances qui avaient successivement amené la convocation des notables et celle des états-généraux, procura, par d'immenses achats faits à l'étranger, de très-grands soulagements. On porte à une somme de 74 millions, les blés ou les farines importés en France, par les soins de l'administration, en 1789. Des commissaires, investis de la confiance du gouvernement, se ren-

4.

dirent dans les villes où la rareté des subsistances causait le plus d'inquiétude. La prévoyance marqua tous les soins pris par M. Necker
dans des circonstances doublement critiques. Cet
homme d'état, auquel tant de souvenirs divers
se rattachent et dont la réputation a tour-à-tour
été exaltée par l'enthousiasme du prosélytisme,
ou flétrie par la haine des partis, montra un
sang-froid, une sécurité, qui attestent qu'il n'é-
tait pas au-dessous, par ses lumières et sa force
d'ame, de si graves conjonctures (1).

Un arrêt du conseil du 23 avril 1789, prescrivit des mesures qui participaient bien un peu de
celles que nous avons condamnées, lorsqu'elles se

---

(1) M. Necker confia à M. Doumerc, munitionnaire-gé-
néral des vivres, les achats qu'il fit faire au-dehors, sous
la surveillance de M. de Montaran, intendant du commerce. La loyauté fut la base de tous les traités que l'administration contracta avec diverses maisons de commerce;
les blés amenés furent tirés d'Angleterre, de la Hollande
et de Hambourg, et les farines, des États-Unis.

Indépendamment de ces mesures, M. Necker écrivit à
diverses chambres de commerce du royaume, afin de les
engager à faire des achats pour secourir les principales
villes.

Les opérations confiées à M. Doumerc, lequel avait pour
correspondants MM. Thelusson à Londres, Hoppe à Ams-
terdam et Chapeau-Rouge à Hambourg, avaient principale-
ment pour objet, Paris, Rouen et quelques autres villes.

sont offertes à notre examen. L'article premier
de cet arrêt voulait , *que les propriétaires, fermiers, marchands ou autres dépositaires de grains,
pussent être contraints à garnir suffisamment les
marchés du ressort dans lequel ils étaient do-
miciliés, toutes les fois que la liberté du commerce n'effectuerait pas leur approvisionnement.*
On autorisait encore les juges et officiers de police , *à prendre connaissance, quand ils le croiraient indispensable, soit à l'amiable (' et par
préférence), soit par voie judiciaire, mais sans
frais, des quantités de grains qui pourraient
exister dans les greniers ou autres dépôts situés
dans l'arrondissement de leur ressort.*

A l'exception de ces mesures locales, il était
expressément défendu *d'apporter aucune espèce
d'obstacle à la libre circulation de district à district, et de province à province.*

Cependant les événements qui marquaient
chaque jour l'époque qui nous occupe, compliquaient à tel point les embarras de l'administration, que si jamais une déviation des principes et l'adoption de quelques mesures réglementaires purent paraître utiles, ce fut dans
ces circonstances.

L'assemblée constituante une fois réunie ne
tarda pas à s'occuper elle-même des subsistances.
La récolte de 1789 pouvait être regardée, sinon

comme abondante, du moins comme presque suffisante. Cependant, les 29 août, 18 septembre et 5 octobre 1789, elle rendit trois décrets qui reçurent successivement la sanction royale, et qui avaient pour principal objet de maintenir la circulation, de déclarer perturbateurs de l'ordre public tous ceux qui l'entraveraient, et de suspendre tout transport de grains hors du royaume.

Ce fut encore dans ces circonstances difficiles que M. Necker eut le premier l'idée de stimuler le zèle des commerçants par l'appât d'une gratification attachée à chaque quintal de blé importé en France. La prime d'importation par quintal de froment fut fixée à un franc dix sols et à deux francs par quintal de farine du même blé; pour les autres espèces de grains, la prime était moins élevée.

Au 5 novembre 1789, le besoin d'accroître la masse des subsistances, dans le royaume, détermina le roi à continuer *le paiement des mêmes primes à tous les négociants français et étrangers qui, du premier décembre 1789 au premier juillet 1790, introduiraient des grains et farines dans le royaume, venant des ports de l'Europe, ou de ceux des États-Unis d'Amérique.*

La récolte de 1790 avait été très-abondante; mais lorsque toute inquiétude devait cesser, les ennemis de l'ordre agitaient encore le peuple par de vaines craintes sur les subsistances, des troubles éclatèrent sur divers points; le respect pour la propriété s'ébranlait chaque jour davantage. Le fameux *maximum*, qu'on ne comptait point encore au nombre des lois du peuple français, était déja invoqué par une population ignorante et furieuse : ces scènes de désordre arrêtèrent l'attention de l'assemblée constituante. Des lettres-patentes du roi, du 30 mai 1790, avaient déja *défendu que le prix des grains fût taxé, à peine par les contrevenants d'être poursuivis et punis suivant la rigueur des lois.* Le 21 septembre, une proclamation du roi, sur un décret de l'assemblée du 15 du même mois, recommandait la libre circulation dans l'intérieur, tout en maintenant la défense de toute exportation à l'étranger.

L'année 1791 vit les mêmes inquiétudes propagées, la même disposition à s'effrayer sur les subsistances. Cependant, à l'exception de quelques points du royaume, la récolte était bonne; néanmoins tous les désordres des dernières années se reproduisaient. Les transports de grains étaient arrêtés, pillés; chaque jour l'autorité perdait de sa force pour réprimer le mal. Il n'y avait plus alors qu'un roi sans pouvoir, et des théories encore sans application, pour gouver-

ner. Sans doute, si une loi eût pu suffire pour
rétablir la circulation des subsistances, dans de
telles circonstances, c'était bien celle du 2 octobre 1791 (1). La proclamation du roi du 27
novembre même année, était également de nature à conduire à ce but, dans des temps moins
difficiles.

Durant tout le cours de 1792, nous voyons
que continuellement, il fallut s'efforcer de réprimer les désordres et les violences du peuple
dans les marchés, sur divers points. La récolte
de cette même année avait été bonne, et l'assemblée législative, avant de se séparer, procla-
mait elle-même, dans le préambule d'une loi
du 16 septembre, le retour de l'abondance et

----

(1) L'article 2 de ce décret était ainsi conçu : Les propriétaires et fermiers, cultivateurs, commerçants et autres
personnes faisant circuler des grains, en remplissant les
conditions exigées par la loi, qui éprouveront des violences
ou le pillage de leurs grains, seront indemnisés par la nation
qui reprendra la valeur de l'indemnité, en l'imposant sur
le département dans lequel le désordre aura été commis.
Le département fera porter cette charge sur le district, sur
les communes dans le territoire desquelles le délit aura été
commis, et sur celles qui, ayant été requises de prêter du
secours pour maintenir la libre circulation, s'y seraient re-
fusées ; sauf à elles à exercer leur recours solidaire contre
les auteurs des désordres.

n'attribuait toutes les inquiétudes du peuple·qu'à la malveillance et à *l'incivisme*. Du reste les dispositions de cette même loi n'étaient guères propres à favoriser la circulation, et parconséqùent à répartir également les bienfaits toujours un peu capricieux de la terre. Toutes mesures réglementaires en vigueur prennent nécessairement la couleur du temps ; ainsi la confiscation, la prison : voilà quel sera le prix de la désobéissance d'un cultivateur aux requisitions des municipalités. L'arbitraire qui se montre par-tout, va bientôt envahir aussi toutes les parties de la législation sur les subsistances.

Cependant, à travers les déclamations inspirées par les passions, il faut remarquer les excellents principes qui dictèrent une proclamation du conseil exécutif, sous la date du 31 octobre 1792. Toutes les saines doctrines qui avaient prévalu, sont rappellées et des vérités utiles sont révélées aux citoyens : on ne leur tait point, par exemple, que la famine la plus affreuse serait pour plusieurs cantons qui ne récoltent pas de quoi s'alimenter, la conséquence inévitable de l'obstacle mis au libre transport des blés.

La Convention était encore dans ses bons jours, et bien inspirée, quand, par son décret du 30 novembre 1792, elle flétrissait la conduite de ceux de ses commissaires *qui avaient eu*, disait-elle, *la faiblesse de souscrire plutôt que de mourir, l'acte qui leur avait été présenté portant taxes de grains, denrées et autres objets.*

Cependant, dès le 4 mai 1793, parut un décret qui ordonnait des déclarations, des recensements, et enfin indiquait les bases qui devaient être prises par les directoires des départements, pour déterminer le *maximum* du prix des grains dans leur ressort. Les municipalités pouvaient aussi faire battre d'office les blés.

Nous voici parvenus à l'examen d'une législation qui sera constamment viciée par l'abus de la violence la plus déplorable. Les lois et les décrets sur les subsistances, qui se multiplièrent, sous la convention, au-delà de toute expression, auront le grave inconvénient d'être presque toujours improvisés, et leurs dispositions retiendront quelque chose des funestes passions de cette terrible époque. La latitude donnée à une foule d'administrateurs locaux sera si étendue que l'esprit de parti trouvera perpétuellement une arme dans cette législation. Le droit de propriété disparaîtra totalement avec l'usage d'un pouvoir discrétionnaire, contre lequel viendront échouer toutes les plaintes.

Parmi tant d'actes violents, il est impossible de ne pas signaler le décret contre les accapareurs. Je ne pense pas que jamais avec l'intention de

réprimer un abus dangereux pour la société, on
ait été conduit à appliquer des principes aussi
complètement subversifs de cette même société
(6). Certes l'exécution d'une telle loi dut être
un fléau.

La convention, par la multiplicité de dispositions réglementaires, et par son manque de
volonté de réprimer les vols qui se commettaient
journellement sur les transports de blés, parvint à perpétuer les embarras en matière de subsistances. Elle aurait voulu pouvoir maintenir
le prix du pain, par-tout, à un taux très-peu
élevé dans l'intérêt du peuple. En effet, un gouvernement tel que le sien, s'appuyant uniquement
sur la popularité, devait mettre en tête de
ses premiers devoirs et de ses premiers besoins,
le contentement des prolétaires ; mais elle man-
qua son but et ne parvint le plus souvent qu'à
semer la défiance et à établir la lutte entre ceux
qui ne récoltaient pas de blé et les citoyens qui
en possédaient comme propriétaires, fermiers
ou cultivateurs.

Un décret du 9 août créa des greniers d'a-
bondance dans tous les districts, il ordonna
aussi la construction de fours publics dans chaque

(6) Voyez, pour cette note, à la fin de l'ouvrage.

section des villes. Le desir de remplir rapidement les greniers qu'on allait former porta à permettre aux citoyens d'acquitter leurs contributions arriérées en grains.

Le 11 septembre 1793, parut un décret de la
Convention nationale, devenu bien fameux : c'est
celui qui fixa un *maximum au prix des grains,
farines et fourrages, et prononça de nouvelles
peines contre l'exportation* (1).

La première section de ce décret était rélative
aux déclarations que devaient faire à leurs municipalités respectives tous *cultivateurs, propriétaires ou dépositaires de grains ou farines.*

Les officiers municipaux étaient tenus de faire
des visites domiciliaires chez les citoyens, possesseurs de grains ou farines, qui n'auraient pas
fait la déclaration voulue ou qui seraient *soupçonnés d'en avoir fait de fausses.*

De plus, chaque directoire de district nom-
merait pour chaque commune un commissaire

---

(1) Le 2 octobre même année, un autre décret comprit
tous les comestibles dans la loi du maximum. Ainsi fut
étendue à toutes choses, la disposition législative la plus
pernicieuse. Les tristes effets du maximum ont subsisté
long-temps encore après que la loi qui l'ordonna avait été
rapportée.

spécialement chargé de surveiller l'exécution des dispositions qui viennent d'être rapportées.

Avec des mesures de ce genre, l'inquiétude et l'effroi ne cessaient de glacer les citoyens. La violation du domicile était comme inséparable alors de la législation sur les grains. L'esprit de parti se saisissait toujours de dispositions rédigées avec un vague qui permettait tout à l'arbitraire.

Il était dit, que ceux qui n'auraient pas fait leur déclaration dans le terme de huit jours, seraient punis par la confiscation des grains et farines non déclarés. Le produit de cette confiscation appartenait à la commune, et dans le cas où il y aurait un dénonciateur, il avait droit à la moitié de la valeur.

Presque toujours je remarque, dans les décrets de la Convention, une clause en faveur du dénonciateur. Cette prime constamment offerte à la délation, ébranlait la morale publique. Cependant le peuple chez lequel l'exécution des lois reposerait sur l'infamie d'une partie de ses membres, serait bien à plaindre (1).

_____

(1) Voici les articles 6, 7, 8 et 9 : ils sont curieux, et l'on verra que la Convention étendait aux administrations et à ses agents, le système de rigueur qu'elle suivait envers

La section 2 du décret était relative à l'approvisionnement des marchés. Ici le législateur rappelle toutes les dispositions réglementaires jadis
en vigueur ; mais il complique encore tout le
vieux système , par des formalités d'une telle
nature , qu'il est difficile de dire qui dut être ,
à cette fatale époque , le plus malheureux , de

---

les citoyens. Art. 6. — « Les municipalités qui n'auront pas
« fourni, dans le délai prescrit, la déclaration demandée , ou
« qui auront négligé de faire des visites domiciliaires, pour
« vérifier les déclarations , paieront une amende à raison de
« 100 liv. par chaque officier municipal , et le double pour
« le procureur de la commune. Les officiers municipaux et
« le procureur de la commune seront solidairement res-
« ponsables. Art. 7. — Les directoires de district qui n'au-
« ront pas poursuivi les municipalités en retard dans le délai
« de la huitaine suivante , paieront une amende double de
« celle que chaque municipalité en retard aurait encourue.
« Art. 8. — Les districts qui , dans le même délai, n'auront
« pas envoyé leurs états au département , supporteront une
« amende de 100 liv. par chaque membre du directoire , et
« le double pour le procureur-syndic : ces amendes seront
« solidaires. Art. 9. — Les départements qui auront négligé
« d'envoyer ces états dans le même délai au ministre de l'in-
« térieur, paieront une amende de 200 liv. par chaque mem-
« bre du directoire de ces départements , et le procureur-
« général-syndic en payera le double : ces amendes seront
« pareillement solidaires ». C'était ainsi que l'exécution d'une
loi vexatoire dans tous ses détails , était garantie par l'application d'amendes non moins vexatoires contre tous les membres de l'administration , dans les divers degrés.

l'homme qui était sans pain ou de celui qui , possédant des grains , se voyait incessamment sous le coup d'une législation dont les dispositions se croisaient en tous sens. Les acquits à caution furent déclarés nécessaires à tout individu qui aurait transporté des grains dans une municipalité voisine, soit en les conduisant au marché, soit pour satisfaire à une requisition.

Il serait trop long d'examiner toutes les précautions prescrites aux administrateurs par le même décret.

La troisième section détermine le *maximum* du quintal, poids de marc, pour chaque espèce de blés ; elle fixe , en outre , le prix qui devait être ajouté par lieue , à raison du transport , soit par terre, soit par eau.

Enfin , la section quatre renfermait les mesures contre l'exportation ; il y était dit , *qu'il ne pourrait plus exister de magasins ou dépôts de grains ou farines, dans les ports , rades et villes frontières de la république , et qu'ils ne pourraient être plus près qu'à une distance de six lieues, etc.; que tout navire chargé de grains , etc, sorti des ports de la république , sans une expédition expresse du conseil exécutif, l'acquit à caution et l'autorisation de la municipalité, serait de bonne prise par-tout où il serait rencontré.*

Le capitaine était puni de dix ans de fers ; les

acquits à caution ne pouvaient être délivrés par
les municipalités des villes et ports maritimes,
qu'en vertus d'ordres du conseil exécutif. Enfin,
un article voulait que la municipalité qui serait
convaincue d'avoir délivré des acquits à caution,
sans cette autorisation, fût censée avoir donné
lieu, par-là, à l'exportation, et que les membres signataires de l'acquit à caution, fussent
condamnés solidairement à une amende de 5o
mille francs, au profit de la république, et à
10 mille francs d'indemnité en faveur du dénonciateur. Ce décret fut transmis, dans le jour,
au ministre de l'intérieur, lequel était chargé de
l'envoyer, sur-le-champ, dans les départements,
par des courriers extraordinaires.

Une loi du 9 novembre 1794 (19 brumaire
an III) donna une nouvelle vie au *maximum*;
elle voulait que le *maximum* du prix de chaque
espèce de grains, farines, etc., etc., fût fixé,
dans chaque district, sur le prix commun de
1790, augmenté de deux tiers en sus. La dépréciation du papier-monnaie avait amené cette
disposition, qui ne remédia à rien. La mesure
était pernicieuse, et cette augmentation, ajoutée
au prix du quintal, fut loin d'ailleurs d'attribuer
à la denrée sa véritable valeur, à une époque
où l'avilissement des assignats était au comble.
La même loi fixa des peines contre tout posses-
seur de grains, farines, etc., qui vendrait à un

prix supérieur à celui fixé pour le lieu où la vente aurait été effectuée.

Le décret du 11 septembre 1793, avait du reste reçu une exécution si littérale, et l'obéissance commandée et inspirée aux administrations locales, par la crainte des peines qui leur avaient été réservées en cas de non-exécution de la loi, fut si ponctuelle, que la convention nationale se vit elle-même obligée d'annuller des jugements prononcés contre de malheureux *batteurs* et *moissonneurs*, à raison de ce qu'ils avaient transporté dans leur domicile, sans s'être munis d'acquits-à-caution, quelques quintaux de grains, reçus par eux, comme prix de leur travail (1).

L'approvisionnement de Paris était bien essentiel à une époque où les *journées* et tous les événements politiques s'opéraient et se consommaient, presque toujours, sous l'influence de la population nécessiteuse de cette grande cité. Aussi les subsistances, durant cette époque, devinrent-elles, dans la capitale de cette nouvelle république, ce qu'elles avaient été jadis chez les Romains, où les destinées de l'état s'y liaient si intimement. On conçoit qu'alors, qu'une populace furieuse *envahissait la salle des*

(1) Loi du 13 octobre 1794(24 vendémiaire an III).

séances de la convention , en demandant du pain et la constitution de quatre-vingt-treize , toute la partie saine de l'asemblée devait avoir la volonté ferme de veiller sans relâche à ce que le manque de subsistances ne devînt point pour les factieux , un moyen de plus de soulever certaines sections qui s'étaient tellement familiarisées avec l'insurrection , qu'un prétexte bien moindre que celui-ci , suffisait pour les mettre en mouvement.

Un décret du 15 août qui contenait des mesures *énergiques* , pour assurer l'arivée des grains à Paris , finissait ainsi : « Les membres des autorités constituées sont personnellement responsables sur leur tête, de l'exécution des dispositions qui leur seront prescrites par les commissaires de la convention nationale, pour l'exécution du présent décret. »

La récolte de 1793 était à peine achevée, que déja un nouveau recensement général était prescrit. Ainsi , se trompant perpétuellement sur la cause du mal, le législateur ne voyait pas qu'il prenait soin lui-même d'en perpétuer la durée, par cette tension continuelle des esprits qu'il entretenait, en publiant chaque jour des dispositions sur les subsistances.

Les municipalités furent chargées de veiller à l'ensemencement des terres des émigrés. L'exportation des grains était punie de la peine de mort.

Si l'on remarque que la France alors était en guerre avec presque toute l'Europe, et que cette guerre avait un caractère extraordinaire; que la république était en butte à la haine des potentats, on concevra que les efforts qu'on fit pour tirer du dehors des secours en grains n'eurent pas un grand succès; en effet, nous voyons qu'il n'en fut pas acheté pour des sommes considérables (1).

Un décret du 2 germinal an II (22 mai 1794) voulut que tous les grains arrivés de l'étranger, distribués aux districts et aux communes, ne pussent être vendus au peuple que sur le pied du maximum. Il ne pouvait être ajouté au prix , pour les frais de transport dans chaque chef-lieu de district, que 50 sols par quintal. Le surplus des frais serait acquité par la nation. C'était bien l'application des principes que nous avons indiqués comme dirigeant la convention en matière de subsistances.

Un précédent décret avait encore établi, toujours dans les mêmes vues, que les citoyens

---

(1) L'Angleterre, dans les années 1794, 1795 et 1796 , fit un crime de haute trahison du commerce des grains avec la France; elle intercepta les farines d'Amérique qu'on y amenait, et par suite de son influence sur la Porte-Ottomane, obtint de cette puissance la prohibition des exportations des blés du Levant.

qui auraient besoin *d'une avance en grains pour leur subsistance seulement*, pourraient obtenir de leur municipalité un *bon* pour recevoir au grenier public de l'arrondissement, la quantité de grains spécifiée par le *bon*. Ce blé était délivré à crédit et demeurait pour le compte de la commune, si le particulier dans la suite était hors d'état de le payer.

Les représentants du peuple en mission, pour favoriser l'arrivage des subsistances à Paris, eurent ordre de faire rebattre les pailles des grains par-tout où ils le croiraient nécessaire.

Un troisième recensement général fut ordonné par la loi du 2 prairial an III (21 mai 1795); on devait procéder ainsi en l'opérant. On réservait dans chaque commune, examen fait *des farines, grains et gerbes non battues*, la quantité présumée nécessaire pour nourrir la commune, jusqu'à la récolte, et le surplus était affecté à l'approvisionnement de Paris et des armées.

C'était la veille et dans cette même séance si mémorable par le courage que déploya M. Boissy d'Anglas alors président de l'assemblée, qu'une foule de forcenés avaient répété en se précipitant dans la salle, ces cris que nous avons déja rappelés : *Du pain et la constitution de* 1793 (1).

_____

(1) Précédemment la convention avait, le 25 brumaire an II (15 novembre 1793) décrété que la mouture serait

Le gouvernement qui succéda à la Convention nationale ne fut ni maîtrisé par de semblables événements, ni dominé par les mêmes passions. Ces moyens de terreur qu'avait adoptés cette assemblée envers les ennemis du dehors et ceux de l'intérieur (qui ne furent le plus souvent que les siens propres) ne pouvaient lui survivre; le retour à des principes plus sages en matière de subsistances, fut donc un des premiers soins du Directoire et des deux conseils (1).

---

uniforme et qu'il ne pourrait être extrait plus de quinze livres de son par quintal de toute espèce de grains, et qu'enfin les boulangers ne pourraient faire et vendre qu'une même espèce de pain.

Le 2 prairial an III (21 mai 1795), elle renouvela cette défense, et prescrivit en outre que la farine ne pourrait être employée à autre usage qu'à faire du pain, de la bouillie et d'autres aliments simples et sans apprêts. Par la même loi, les traiteurs, restaurateurs et pâtissiers, durent verser les farines qu'ils avaient dans les magasins. En ordonnant une seule qualité de pain, indépendamment de la nécessité, la Convention entrait par-là, dans le système de gouvernement qui plaisait tant à la multitude, *l'égalité parfaite.* Cependant, mettant de côté l'influence des temps, avouons que si, dans une grande calamité, quelque chose peut adoucir les plaintes, calmer les souffrances de la classe indigente, c'est bien cette pensée, que le riche aussi partage les privations que la disette impose à tout un peuple.

(1) L'équité, qui veut que le blâme s'attache à l'ensemble

Une loi du 21 prairial an 5 (9 juin 1797)
rétablit la libre circulation des grains dans l'intérieur, en prononçant des peines sévères contre
tous ceux qui l'entraveraient. Les marchands de

---

d'une législation qui produisit de grands maux, commande
aussi de dire ce que quelques hommes firent d'efforts à
cette époque pour réparer les inconvénients qui naissaient
des lois de circonstance et de la rareté des subsistances.
Parmi ceux appelés à composer successivement le *comité d'a-*
griculture, la commission des *subsistances et d'approvision-*
nements, et enfin celle dite des *approvisionnements*, il se
rencontra quelquefois du zèle et de la droiture.

En répétant qu'on dut beaucoup à Benezech, disons
ce qui est bien moins connu, c'est qu'un homme
sage, instruit, doué d'un tact très-sûr, M. Rémondat,
qui commença ses travaux sous le premier ministère de
M. Necker, dans les bureaux de M. de Montaran en 1780,
qui avait participé à toutes les mesures prises par l'administration en 1789, rendit de véritables, d'immenses services
durant la longue crise qui se prolongea, pour ainsi dire,
jusqu'à la fin de 1796. Depuis, M. Rémondat ne cessa,
soit au ministère de l'intérieur, soit à celui du commerce,
de consacrer ses soins à la direction de cette partie si
délicate et si importante des subsistances ; aussi cette
foule de ministres qui s'étaient succédés pendant vingt-cinq
ans, avaient-ils apprécié et mis à profit son expérience.
Cependant cet homme laborieux, qui ne professa jamais
d'autres opinions que celles qui font le citoyen dévoué à
ses devoirs et à son pays, fut inconsidérément admis à
la retraite, en 1815.

grains furent ainsi que les blatiers affranchis de l'obligation de se munir de *bons* des municipalités, pour opérer leurs achats. Ils durent seulemeut se pourvoir de *patentes*, conformément à la loi de frimaire an V. Les particuliers n'eurent plus besoin aussi d'obtenir ces mêmes *bons* pour faire des approvisionnements aux marchés ou ailleurs. Enfin la même loi abrogea les funestes dispositions que nous avons rapportées plus haut.

En 1799, on était revenu à des idées plus justes, et d'ailleurs la bonté de la récolte de l'année précédente fit permettre l'exportation.

La récolte de 1803 avait offert un excédant qui fut évalué ne pas être moindre, en y comprenant celui de 1802, de 9, 300, 000 hectolitres. Dès-lors il y avait nécessité de favoriser l'écoulement d'un superflu aussi considérable; mais l'administration n'avait point encore adopté une marche bien fixe, un systême bien franc. Le parti qu'on prit de délivrer à quelques individus des permis pour exporter une quantité déterminée de blé, n'était pas et ne fut pas sans inconvénient : d'abord, c'était accorder un privilége que de faire un choix parmi les négociants. Par-là, les bienfaits eux-mêmes de l'exportation furent singulièrement restreints, puisque les spéculateurs qui avaient obtenu le droit de transporter une quantité de grains au dehors, étant peu nombreux, devinrent, par conséquent aussi, maîtres du cours des blés. Ils combinèrent leurs achats de telle façon que la hausse fut insensible et que, s'ils firent des bénéfices considérables, l'agriculture n'obtint aucun secours de cette mesure.

Il fallait revenir aux principes posés dans l'ordonnance de 1764; les décrets du 14 juin 1804 (25 prairial an XII), 4 novembre 1804 (13 brumaire an XIII) et 26 décembre 1804 (5 nivose an XIII), eurent ce but. Ils déclaraient que l'exportation des grains de France était permise pour l'Espagne, le Portugal, l'Allemagne et la Hollande, par un nombre de ports qu'ils désignaient; cette exportation était soumise à l'acquit d'un droit de 2 francs par quintal métrique de froment et un franc par quintal de menus grains.

Toute exportation devait cesser du moment où le prix du blé froment monterait à 20 francs l'hectolitre, pour les ports de Bayonne, du Saint-Esprit et de Bordeaux, c'est-à-dire pour les départements du midi, et à 16 francs pour les ports de Marans et les sables d'Olonne, c'est-à-dire pour les autres parties de la France.

En 1806, on pensa que d'autres dispositions pourraient être préférables à celles consacrées par les décrets que nous venons de citer. On étendit la latitude donnée à l'exportation en décidant qu'elle ne cesserait que lorsque l'hectolitre de froment vaudrait 24 francs, et celui de menus grains 16 francs ; cela était sage, car la gêne continue du propriétaire et des fermiers prouvait que les prix de 20 et 16 francs, adoptés par les décrets des années XII et XIII , comme taux où devait s'arrêter tout transport de blés à l'extérieur, n'étaient point assez élevés.

Cependant, à côté de cette nouvelle fixation plus élevée, on eut la pensée d'établir des droits progressifs à la sortie et combinés de telle manière qu'ils pussent tempérer et modérer l'exportation ; par exemple, lorsque le prix de l'hectolitre de froment n'excédait pas 19 francs, le droit à payer par quintal métrique s'élevait seulement à 2 francs ; au-dessus de 19 francs, il était de 2 f. 50 c. ; à 20 f. de 3 f., à 21 f. de 4 f., à 22 f. de 6 f., à 23 f. de 8 f., et à 24 f. comme nous l'avons dit, l'exportation cessait de droit.

Ces précautions étaient sages ; disons mieux, elles furent timides. En adoptant ce tarif , on ne s'aperçut pas que l'encouragement qu'on avait eu en vue de procurer à l'agriculture lui échapperait. En effet, la progression des droits faisait plus que modérer l'exportation ; elle la gênait et la rendait généralement sans

avantage, du moment où l'hectolitre atteignait
20 francs.

En 1810, un renchérissement assez sensible
dans les prix des blés, causa quelques inquiétudes à l'administration, et aussitôt on s'écarta
des principes législatifs qu'on avait adoptés en
1806. On y revint à la vérité, mais passagère-
ment, l'année suivante.

La récolte de 1811 ne fut point positivement
mauvaise; car, si dans une contrée aussi étendue
que l'était sur-tout alors la France, quelques parties du territoire sont maltraitées, ce n'est pas ce
qui constitue précisément une mauvaise récolte.
Cependant, au mois de novembre 1811, le prix
des grains monta, il s'accrut et s'éleva successivement. En mars et avril 1812, l'administration
conçut des craintes plus sérieuses : par malheur,
on commit deux graves erreurs en rendant les
décrets des 4 et 8 mai.

Faisons précéder l'examen de ces deux actes
importants de quelques réflexions qui auront
le double but, non de les justifier, mais d'en
expliquer la cause et de montrer qu'il serait injuste d'en faire retomber le tort sur l'administration de cette époque.

Depuis que le chef du gouvernement diri-
geait les affaires, c'était la première fois que les
subsistances semblaient devoir réclamer sérieu-

sement son attention; jusque-là, une abondance non-interrompue, souvent même l'avilissement du prix des grains, tel avait été l'état ordinaire des choses. D'ailleurs, ses principes, résultats des premières impressions de sa jeunesse, n'étaient pas favorables à la liberté du commerce des grains; il avait été vivement frappé du spectacle des émeutes de 1789 et de tous les mouvements qui, à cette époque, avaient troublé la tranquillité. Il était enfin convaincu que la crainte de la disette, ou la disette elle-même, pouvait exercer sur les masses une influence incalculable dans ses effets; de plus, une habitude presque constante de préférer la force à toutes les autres voies, devait encore le conduire à croire que les mesures de détail, les réglements étaient précieux dans les moments où les subsistances sont rares ou resserrées : *ordonner le transport des grains aux marchés, prescrire des déclarations, exiger des permissions, faire faire des recensements chez les fermiers et les propriétaires de blés*, sont des moyens d'autant plus séduisants que toujours ils sont goûtés et applaudis par le peuple qui, dans sa détresse, ne rêve jamais *qu'accaparements et monopole.* Par malheur, ce qu'il applaudit est précisément ce qui doit accroître ses souffrances; ainsi, par une sorte d'effroi, par le goût des réglements, et dans le désir de montrer au peuple que l'autorité était vigilante, sévère, *ennemie prononcée de ceux qui spéculent sur la vie des citoyens*, les décrets de mai furent rendus.

Le premier du 4 maintenait la libre circulation : le respect pour ce principe fut de tous temps exprimé dans les actes législatifs qui le détruisirent le plus sûrement. Voici quelles étaient en outre ses principales dispositions : Tout individu qui voulait faire des achats ou marchés, pour approvisionner des départements qui éprouvaient des besoins, devait opérer publiquement, et après avoir fait sa déclaration au préfet ou sous-préfet; il était défendu de garder et d'emmagasiner des grains. Celui qui avait des magasins de grains ou de farine, était tenu d'en faire la déclaration au préfet ou sous-préfet, en indiquant les quantités; il devait en conduire dans les halles et marchés qui lui seraient désignés, la quantité nécessaire pour les tenir approvisionnés. Tout fermier, tout cultivateur était astreint aux mêmes obligations et déclarations.

Le décret du 8 mai eut des conséquences encore plus funestes : il établissait un *maximum* du prix des grains (1).

_____

(1) ART. 1.er « Les blés dans les marchés des départements

Toute fixation de la valeur d'une chose sans
le secours de celui qui la possède, est une at-
tiente grave portée au droit de *propriété*, un
abus de la force qui sape le premier, comme
le plus ancien principe de toute société. Un
maximum est d'ailleurs toujours éludé ; mais
comme il y a du danger et de la difficulté à se
soustraire à une loi, alors même qu'elle est injuste, la denrée taxée se resserre, devient plus
rare et se paie plus cher.

Là, pourtant, ne se bornèrent pas encore les
mauvais effets produits par l'exécution du décret
du 8 mai. Il était dit que dans les départements
qui s'approvisionnaient hors de leur territoire,
le préfet prenant en considération les distances,
ayant égard aux bénéfices légitimes du commerce, déterminerait, d'après ces bases, le prix

---

de la Seine, Seine-et-Oise, Seine-et-Marne, Aisne, Oise,
Eure-et-Loir, ne pourront être vendus à un prix excédant
33 fr. l'hectolitre. — Art. 2. Dans les départements où les
blés récoltés et existants suffisent aux besoins, les préfets
tiendront la main à ce qu'ils ne puissent être vendus au-
dessus de 33 fr. — Art. 3. Dans les départements qui s'ap-
provisionnent hors leur territoire, les préfets feront la fixation du prix des blés, conformément aux instructions du
ministre du commerce, et en prenant en considération le
prix du transport et les légitimes bénéfices du commerce.
Cette fixation ne devait être et ne fut en effet obligatoire
que jusqu'à la récolte seulement.

auquel devraient être vendus les blés dans son
département. D'abord, malgré les instructions
les plus détaillées, les meilleures intentions, les
données les plus précises sur la valeur du grain
dans le lieu d'où il était tiré, et sur ce qu'il convenait d'attribuer au transport et d'accorder
comme profit à un négociant, il était bien difficile d'être juste dans une fixation aussi délicate. Combien, d'ailleurs, ne varient pas les
opinions sur la manière d'apprécier de telles
choses : elles furent en effet très-diversifiées.
Quelques préfets calculèrent bien exactement,
bien scrupuleusement ce qu'il pouvait en coûter
pour les frais de transport; ils ajoutèrent ensuite la somme qui devait composer le bénéfice
du négociant. Leurs supputations, qui pouvaient
reposer sur des bases équitables, raisonnables
dans des temps ordinaires, manquaient de justesse pour les circonstances présentes. Cependant, à côté d'eux, des préfets observateurs
moins rigides des instructions et des termes du
décret, firent la part des difficultés, et, en gens
bien avisés, pensèrent que le commerce des
grains ne pouvait être assimilé à tant d'autres,
ni ressembler, dans un temps de crise, à ce
qu'il est au milieu de l'abondance; ils jugèrent
que l'équité voulait même aussi que celui qui a
souvent perdu dans un négoce si chanceux, et

qui a tant d'avances et de faux frais à supporter, ne fût pas renfermé dans les bornes rigou-
reuses des profits accordés au commerce, en
théorie générale : ces préfets-là furent donc plus
larges dans leur taxation du prix des grains,
et ils s'en trouvèrent bien : l'abondance fut
maintenue dans leurs départements; en revan-
che aussi, l'effet contraire se manifesta par-tout
où les prix n'avaient pas été déterminés d'après
les mêmes données. Voilà exactement ce
qu'amena et ce que devait produire l'exécution
du décret du 8 mai.

Il faut également signaler ici, non par un
vain desir de blâme, mais pour l'utilité d'indiquer les mesures profitables comme celles qui
sont nuisibles; il faut, dis-je, rappeler quelques faits qui se rattachent à la ville de Paris.

Depuis 1803, les soins du ministère de l'intérieur et de l'administration civile de la capitale, avaient eu pour objet et pour résultat de
former un approvisionnement fort considérable, composé de 200 mille quintaux (poids
de marc), à cette première époque; il avait été
porté en 1805 jusqu'à 500 mille, et il ne représentait pas un fonds moindre de 5 millions. Le
système suivi pour la conservation de cette immense réserve était économique. Dans l'automne

de 1811, le directeur-général des vivres, qui depuis le mois d'Avril 1810 avait été chargé du service de la réserve, concurremment avec le sien, fut amené, par suite de la résiliation du traité de conservation particulière, à la charge de la ville de Paris, à disposer en très-grande partie des grains de la réserve pour le service de la guerre et de la marine. Des ordres absolus ne laissaient aucune prise aux plus sages observations, qui furent faites alors par tout ce que le chef du dernier gouvernement avait réuni d'hommes distingués dans son conseil des subsistances. Le fonds de la réserve fut ainsi dissipé pour des services qui lui étaient étrangers; et cette circonstance eût accru singulièrement les embarras de la subsistance de Paris, sans les moyens immenses dont l'ancien gouvernement disposait en s'inquiétant médiocrement des dépenses qui en résultaient.

En 1813, 1814 et 1815, trop de causes empêchèrent qu'on refît l'approvisionnement qui avait existé en 1811; on se trouva, à la fin de 1816, sans ressources importantes. Aussi, à cette dernière époque, les efforts durent être d'autant plus multipliés, qu'aux besoins de la France se joignaient ceux de Paris. Il fallut alors précipiter les achats, car tout est impérieux et imminent en fait de subsistances, quand le temps manque.

De là, en partie, ces 24 millions qu'il a fallu dépenser pour la capitale.

Si les agents de l'autorité étaient soumis à cette époque, leur obéissance n'était cependant pas toujours passive et exempte de discernement, comme tant de gens eussent voulu depuis l'insinuer. Des observations sur les effets qu'avaient eus les décrets des 4 et 8 mai, furent présentées aux ministres de l'intérieur et du commerce; il y a mieux, du moment où le retour de l'abondance eut ramené le calme, une série de questions furent faites à tous les préfets, afin de provoquer la solution des doutes qui s'étaient élevés sur l'opportunité des mesures consacrées par les deux décrets. Dans leurs réponses les préfets déposèrent leurs réflexions et tout ce que l'observation leur avait appris pendant la crise. Si j'ai été bien informé, l'unanimité des opinions émises par eux fut contraire aux dispositions qui avaient été prises (1).

_____

(1) Les sacrifices faits par le gouvernement impérial en 1812, pour les subsistances, peuvent être portés à 80 millions, y compris la somme très-considérable des secours généraux qui furent distribués à cette époque. Mais les mers alors n'étaient pas libres; il fallut donc établir par terre

6

La vérité venait d'être recherchée de bonne foi, elle fut obtenue de même ; et ce qui est mieux peut-être encore, c'est qu'elle n'a pas été perdue. L'expérience qu'avait value à l'administration supérieure la connaissance de la faute grave qui avait été commise, profita depuis, lorsque des embarras bien autrement sérieux, causés par une disette née d'une mauvaise récolte commune à une grande partie de l'Europe, commencèrent à se manifester avant la fin de 1816.

Ainsi l'administration d'alors, en laissant dans ses archives tout-à-la-fois le témoignage d'une erreur et l'indication du systême qui l'en eût préservée, prépara au gouvernement des conseils salutaires pour les circonstances qui devaient s'offrir en 1816 et 1817 (1).

---

le transport des grains, depuis Hambourg jusqu'à Paris ; quand momentanément on put profiter des rivières, il y eut des frais de chargement et de déchargement considérables. Ce sont ces circonstances extraordinaires et ces difficultés qui rendent compte de cette dépense de 80 millions en 1812.

(1) Dans ces années 1816 et 1817, la rareté des subsistances fut extrême, et de plus elle se prolongea ; le prix du blé froment devint excessif et s'éleva jusqu'à 90 fr. le

Si l'on remarque que le ministère pouvait être troublé par le souvenir ou la crainte d'évènements politiques; qu'aux souffrances causées par une cherté qui participait de la famine, il faut joindre le spectacle d'une occupation étrangère, dévorante sous tous les rapports; qu'enfin les appréhensions dictées par l'esprit de parti pouvaient encore contribuer à l'égarer, on reconnaîtra qu'il mérita des éloges, pour avoir constamment maintenu et fait respecter la libre et entière circulation des subsistances dans le royaume. Il fallut de la force, de l'énergie, pour ne pas se laisser aller aux vœux inconsidérés de la multitude, qui, comme nous l'avons déja observé, ne manque jamais d'attribuer le haut prix des grains à des menées coupables. On peut dire, sans crainte de rien exagérer, que si le principe salutaire et conservateur de la circulation eût été sacrifié à de vaines clameurs, les dangers qui en fussent résultés étaient incalculables (1).

setier, mesure de Paris. En 1709, il n'avait pas été au-delà de 69 fr. de notre monnaie actuelle; le pain valut dans quelques localités jusqu'à l'énorme prix de 85 à 90 c. le demi-kilog.

(1) Il paraît que la ferme résolution de ne point dévier de cette voie de salut, avait été invariablement adoptée par le ministre de l'intérieur. Dès le 4 novembre 1816, une lettre émanée de la 3ᵉ division rappelait aux préfets, dans les termes les plus pressants, le besoin, la nécessité abso-

Actuellement que nous avons proclamé hau-
tement et avec empressement la reconnaissance

---

lue de faire respecter par-tout le principe conservateur de
la libre et entière circulation des grains. M. Fauchat, chef
de cette division (qui embrasse les subsistances), con-
courut puissamment, par son expérience, son zèle éprouvé
et ses talents bien reconnus, à seconder la marche salutaire
du gouvernement durant cette crise.

Des primes furent offertes aux négociants qui importe-
raient des grains dans le royaume.

Ne pas rappeler que dans ces circonstances difficiles le
maintien de l'ordre public dut beaucoup à la vigilance active du ministre de la police générale, serait, non-seulement
une omission, mais un manque d'équité.

Il fallut forcément déployer sur quelques points la
sévérité des lois pénales. Les procédures, si cruellement
rapides des cours prévôtales, frappèrent quelques individus :
heureusement la clémence royale put exercer sa bienfai-
sante prérogative envers tous ceux qui n'avaient encouru
que la réclusion, au moment où l'abondance reparut.

Bien des gens se sont récriés sur les annonces très-fré-
quentes d'arrivages de blés dans nos ports, qu'on lisait dans
les journaux durant la disette ; mais nous pensons qu'elles
étaient convenables ; car si la prudence et l'habileté veulent
que le gouvernement ne donne jamais l'éveil sur les craintes
qu'il peut concevoir à l'avance, à l'égard des subsistances,
assurément elles ne défendent pas de rendre publique la
connaissance de toutes les circonstances qui doivent augmenter la masse des secours.

que l'on doit à l'administration, pour sa répu-
gnance absolue à toutes mesures qui auraient
porté atteinte au libre transport des subsistances,
nous dirons toutefois avec la retenue et la modération convenables que, peut-être, les achats
qu'ordonna le ministère furent trop tardifs; que
ce défaut d'opportunité, pour ne pas dire de prévoyance, fut cause que les grains parvinrent bien
tard, pour produire un véritable soulagement.;
qu'enfin il y en eut une partie considérable qui
n'étant arrivés qu'après les besoins, sont deve-
nus par cela même une occasion de perte pour
l'état et de préjudice pour des négociants qui
avaient précédemment opéré sur l'invitation du
ministère, et qui restant chargés des blés inven-
dus à la fin de la crise, ont eu non-seulement
à supporter une concurrence déja défavorable
avec les propriétaires, (riches de l'excellente
récolte de 1817), mais encore à éprouver celle
bien plus ruineuse pour eux, d'un vendeur tel
que l'état se débarrassant à tout prix.

Cette faute expliquerait aussi, comment les
sacrifices faits en 1816 et 1817 se sont élevés à
56 millions (1). Mais il y aurait peut-être en-

---

(1) Les dépenses pour le même objet, sous le ministère
de M. Necker en 1789, furent de 74 millions; mais il ne

core moins à déplorer la perte de cette énorme somme de 56 millions, qu'à s'effrayer des effets que produirait dans l'avenir sur le zèle et la détermination des négociants dans un temps difficile, le souvenir amer des pertes qu'on leur aurait causées par cette façon d'opérer.

Nous trouverions encore, dans les achats tardifs, la cause des plaintes des boulangers de Paris, et le motif du traité qui par suite a été consenti avec eux.

Terminons le tableau de la disette des années 1816 et 1817, en rappellant que si, depuis un siècle et plus, la nation n'avait été frappée par une calamité si grande, jamais, peut-être, la bienfaisance et la commisération des classes aisées ne multiplièrent, n'étendirent autant les secours. Le monarque et sa famille donnèrent l'exemple des sacrifices dans ces jours calamiteux; et toutes les ames généreuses, sur tous les points de la France, rivalisèrent à l'envi d'efforts et de zèle: comme si les grandes infortunes pour un peuple avaient du moins cette conséquence, de resserrer les liens de l'humanité, de ramener les

---

faut pas perdre de vue, qu'elles n'atteignirent cette somme que parce que d'une part les convois, les magasins eux-mêmes furent pillés, et qu'enfin la ville de Paris, qui avait consommé la majeure partie des achats, n'a jamais rien payé.

hommes à des sentiments de bienveillance mu-
tuelle, sans lesquels les sociétés n'offriraient trop
souvent que l'assemblage attristant d'individus
étrangers les uns aux autres. Oui, il faut le dire,
si cette douloureuse époque présenta une réunion de maux inouis, elle révéla aussi la ma-
nifestation d'une pitié nouvelle, et, pour ainsi
dire, jusque alors inconnue. Ce fut là, nous'en demandons pardon aux détracteurs de notre temps,
un noble démenti donné à ceux qui calomniant
incessamment cette génération, s'efforcent de la
montrer dépourvue de toutes les vertus publiques
et privées.

Nous allons exposer, le plus succinctement
possible, les principes de la législation anglaise,
et rapporter, immédiatement après, ceux sur lesquels repose la loi du 2 décembre 1814, règle
actuelle de l'administration, en France, quant
à l'exportation. Les dispositions qui, acceptées
par les chambres, dans la session de 1818, paraissent destinées, avec cette loi, à compléter
notre système législatif sur les subsistances, devront arrêter aussi notre attention. Cet exposé
achevé, nous nous hâterons de présenter l'ensemble des moyens qui nous semblent susceptibles de résoudre le moins imparfaitement possible la question que ce mémoire a pour objet. Déja nous nous sommes efforcés de faire jaillir de l'his-

torique des actes et des faits que nous avons successivement analysés ou reproduits, la doctrine
qui paraît devoir conduire le plus sûrement à
la solution du problème. L'énumération de cette
foule de dispositions n'aurait été que d'un intérêt borné, et celle des époques de chertés et de
disettes presque inutile, si de cette double exposition n'eût dû résulter naturellement l'indication de ce qui était à éviter comme à faire
en matière de subsistances.

L'Angleterre, en 1800, avait éprouvé une affreuse disette; mais il paraît que cette crise ne
fut pas uniquement due à la mauvaise récolte
de 1799, ni à ce que celle de 1798 avait été
médiocre. Depuis la guerre de 1793, M. Pitt avait
commis des agents à l'approvisionnement des subsistances; des plaintes graves, l'accusation de
monopole, s'étant élevées contre eux, le même
ministre se vit forcé de les supprimer en 1795.
Le commerce libre, qui avait repris ses droits,
opéra seul pendant plusieurs années avec succès.
Le blé s'était constamment maintenu à un prix
suffisant pour encourager l'agriculture et la porter
à augmenter ses produits en grains. Cependant
les agents des approvisionnements reparurent,
et avec eux leur fatale influence; ils s'entendirent,
se coalisèrent, et parvinrent à faire tomber le blé
à un prix qui devait ruiner le commerce. En

effet, après avoir gardé quelque temps ceux qu'il avait en magasin, il fut contraint de les vendre pour éviter une perte plus considérable. Le bas prix des grains, résultat de toutes ces manœuvres, détourna bientôt de la culture des céréales; l'agriculteur s'adonna de préférence aux prairies artificielles et à l'engrais des bestiaux. Voilà les circonstances dans lesquelles survint la disette de 1800.

Ces faits sont une nouvelle preuve du danger toujours attaché à une intervention que le gouvernement ne saurait jamais exercer qu'avec des agents plus ou moins infidèles.

A la suite de cette disette, qui mit la nation anglaise dans une des situations les plus périlleuses qu'un peuple ait à supporter, et que le patriotisme et des privations extrêmes lui permirent seuls de surmonter, la nécessité d'encourager l'agriculture et de ramener ses soins à la culture des céréales, fixa toute l'attention du parlement. Ce besoin donna lieu à la loi de 1804 (1).

_____

(1) Voici les principales dispositions de cette loi :
Lorsque le prix du blé froment se trouverait au-dessous de 2 l. 8 sh. (le quarter légal), il serait payé à l'exportation, une prime de 5 shellings par quarter (la livre sterling vaut 25 fr.; elle se divise en 20 shellings, et le shelling en

La main-d'œuvre et généralement tous les salaires ayant haussé en Angleterre par la dépréciation du papier monnaie, il arriva que l'agriculture, malgré les immenses capitaux qui y avaient été versés, ne put trouver des moyens suffisants de prospérité dans la loi de 1804 : en effet, du moment où le blé parvenait au prix de trois livres 6 sh. (insuffisant cependant pour lui assurer des bénéfices convenables) l'importation commençait et la ruinait.

En 1813, la chambre des pairs et celle des communes ne négligèrent rien pour réunir tous les renseignements capables de faire exactement

---

12 deniers ou pences. Le quarter légal pèse communément, en froment, 420 liv. poids de marc).

Lorsque le blé froment montait au-dessus de 2 liv. 8 sh., sans s'élever cependant à 2 liv. 14 sh., l'exportation était encore permise, mais elle n'était plus encouragée par une prime.

Lorsque le prix du blé froment s'élevait au-dessus de 2 liv. 13 sh., alors l'exportation était défendue.

Si le prix du blé froment était supérieur à 2 liv. 13 sh., mais au-dessous de 3 liv. 3 sh., l'importation était alors permise, moyennant un droit fort élevé. Le blé parvenant au-dessus du prix de 3 liv. 3 sh., celui importé n'était plus soumis qu'à un droit de 2 sh. 6 deniers.

Si enfin le prix du blé dépassait 3 liv. 6 sh., l'importation n'acquittait plus qu'un droit de balance de 6 deniers par quarter.

apprécier les frais de culture, et déterminer par suite le prix auquel l'importation pouvait avoir lieu sans nuire à l'agriculture en Angleterre.

Par malheur, la session dura trop peu pour que les pairs pussent sanctionner une résolution prise par la chambre des communes d'après ces principes (1). Depuis, de mauvaises récoltes survinrent, et on ajourna, sous le prétexte du besoin de nouvelles informations, cette question qui est restée dans le même état.

L'Angleterre qui, année commune, a besoin de tirer du dehors environ six millions de quintaux de blé, a senti de très-bonne heure l'importance d'encourager son agriculture. Pour y parvenir, un de ses soins fut de limiter l'importation, sûre que progressivement aussi s'accroîtraient les produits de sa culture. Si dans ces derniers temps elle a paru dévier de ce systême, c'est qu'elle a été effrayée, dans l'intérêt de ses manufactures, du renchérissement continuel et

_____

(1) Cette résolution qui prohibait l'importation des farines et qui soumettait celle des grains à un droit de 1 liv. 4 sh. 3 d. par quarter, lorsque le blé froment, dans les districts maritimes de l'Angleterre, de l'Écosse et de l'Irlande, ne vaudrait pas 5 liv. 5 sh. 2 d. le quarter, voulait que lorsqu'il atteindrait ce dernier prix, le droit ne fût que de 2 sh. 6 d.; s'il venait à s'élever à 6 liv. 5 sh. 2 d., le droit se trouvait modéré à 6 d. par quarter.

excessif de la main-d'œuvre, et qu'elle a craint que, l'importation n'ayant plus lieu qu'alors que le blé aurait atteint un prix plus élevé, le cours des subsistances ne haussât et ne vînt lui-même augmenter les salaires. Mais l'Angleterre, dont la situation est désormais si compliquée, était placée entre deux dangers : si elle a retardé un renchérissement nouveau dans la main-d'œuvre, plus certainement encore elle a porté préjudice à la culture des céréales en maintenant la législation de 1804. La conséquence pour l'Angleterre sera donc de voir se restreindre les récoltes annuelles, et s'accroître d'autant la quantité de blé qu'elle est forcée d'acheter au dehors.

Néanmoins il ne nous échappera pas que les Anglais ont donné place dans leur législation sur les grains, à toutes les dispositions que le besoin des circonstances peut tour-à-tour admettre. C'est ainsi qu'ils encouragent par une prime l'exportation, si le blé est descendu à un prix jugé trop peu considérable; qu'ils soumettent encore l'importation à un droit, ou la permettent purement et simplement; qu'enfin, dans un temps de cherté, ils stimulent, provoquent cette même importation par des primes (1).

_____

(1) C'est dans l'histoire critique et raisonnée de la situation

Cette adoption de principes étendus et d'une application féconde en bons résultats, atteste une salutaire prévoyance en faveur des divers intérêts auxquels doit satisfaire toute législation sur les grains.

Revenons à la France.

Une ordonnance du 26 juillet 1814, qui permettait l'exportation provisoirement, annonçait la présentation prochaine aux chambres, d'une loi qui pût *concilier autant que possible les intérêts du consommateur avec ceux de l'agriculture, et établir sur des bases fixes, le mode et les conditions auxquels il serait permis d'exporter les grains hors du royaume.* La loi du 2 décembre 1814 eut pour objet de remplir ce but essentiel. Elle statua que *l'exportation des grains, farines et légumes,* serait permise, mais aux conditions et sous les réserves suivantes : que les départements frontières du royaume seraient divisés en trois classes ; la première embrassant *ceux où les grains sont habituellement plus chers que dans le reste du royaume ;* la seconde, *ceux où*

---

de l'Angleterre au 1er janvier 1816, par M. de Montvéran, ouvrage qui suppose des recherches immenses, une grande sagacité et le meilleur esprit, que nous avons puisé les dispositions de la loi de 1804 et ce qui est relatif à la résolution prise par la chambre des communes en 1813.

ils se maintiennent à un prix moyen; et la troisième, ceux enfin *où ils sont ordinairement au prix le moins élevé* (1).

L'exportation doit être suspendue dans les départements rangés dans la première classe, lorsque le blé froment a atteint 23 fr. l'hectolitre ; dans ceux compris dans la seconde, quand il est parvenu à 21 fr. ; et dans ceux composant la troisième, quand il vaut 19 francs.

Cependant depuis 1817 les blés n'avaient cessé d'affluer dans nos ports ; ceux de la Méditerranée en étaient encombrés ; et en mars 1819, il s'en trouvait des quantités fort considérables à Marseille. Le haut prix des subsistances en 1816 et 1817 avait, indépendamment des *primes*, provoqué l'importation en France ; le mouvement une fois imprimé continua. Aussi, à des prix excessifs, a succédé depuis quelques mois un cours peu élevé, qui lui-même, avec les apparences d'une récolte prodigieusement abondante, n'eût été que l'avant-coureur d'une baisse encore plus marquée. On peut dire que l'avilissement de la denrée était inévitable et prochain : pour le prévenir, les *primes* précédemment accordées à

---

(1) C'est une ordonnance du 18 décembre 1814, qui détermina ce classement et désigna les ports et bureaux par où s'effectuerait le transport des grains.

l'importation avaient déja cessé. De plus, une ordonnance du 11 mars 1819 révoqua *celles qui avaient suspendu la perception des droits sur les grains, farines, etc., venant de l'étranger.* Mais l'acquittement de ces droits n'était pas susceptible d'arrêter l'importation (1) : il devenait impossible que l'agriculture française , placée d'ailleurs sous l'énorme poids de l'impôt foncier qui l'accable, supportât la concurrence avec des produits obtenus dans des contrées extrêmement fertiles, cultivées depuis peu d'années, et à-peu-près exemptes des taxes qui pèsent sur les vieilles sociétés européennes.

Ces vérités ne pouvaient échapper au ministre dont les attributions embrassent plus

---

(1) **Ces** droits étaient ceux de 50 c. établis par quintal métrique par la loi du 28 avril 1816. On conçoit que l'importation ne pouvait guère être suspendue par un si faible obstacle ; aussi, depuis le mois d'octobre 1818 jusqu'au 30 avril 1819, il est entré près de 700 mille hectolitres de blé dans les ports Français , et par suite de cette importation qui a continué dans une proportion considérable en mai et juin, et de l'abondante récolte de 1818 , l'hectolitre ne s'élevait pas , au 1er juillet 1819, à 23 fr. dans les départements où le blé est habituellement le plus cher , et il était tombé au-dessous de 13 fr. dans quelques localités du Nord-est du royaume. Depuis , il a continué à baisser par l'effet des immenses produits qu'à donnés la récolte de 1819.

spécialement la prospérité du royaume. C'est donc aussi de ces considérations qu'est née la loi présentée par lui à la chambre des députés le 31 mai 1819. Elle a pour premier objet d'assujettir à des droits d'entrée les blés qui seront importés en France. Ces droits ont été gradués avec l'intention d'empêcher le versement dans nos ports de grains dont la présence, au moins inutile, ruinerait la culture. Elle veut enfin que lorsque les grains sont tombés à un certain prix (jugé trop bas pour permettre une introduction, même sous la condition de l'acquit des droits à l'entrée), l'importation cesse.

Maintenant, ramené à la solution précise de la question qui nous occupe, *quels sont les meilleurs moyens de prévenir, avec les seules ressources de la France, la disette des blés et les trop grandes variations dans leurs prix ?* je vais développer ces moyens tels que je les conçois, tout en disant si notre législation actuelle me paraît les renfermer.

Au premier rang des moyens les plus puissants, plaçons l'entière et libre circulation des subsistances dans le royaume. Laissons, dans tous les temps, le commerce agir sans entraves; persuadons-nous que tous ses efforts ont cette inévitable conséquence, d'égaliser les prix , de

rétablir incessamment cette parité que la différence du sol, la difficulté des communications
détruisent. Aussi-bien tous les bénéfices du
négociant ne consistent-ils pas à acheter là où
le blé est moins cher, pour le porter et le revendre dans le lieu où il vaut davantage? Sans
cette action libre et constante du commerce, il
est des parties du territoire où il faudrait renoncer à la culture. Cependant l'encourager,
la rendre par-tout profitable, est nécessairement
un des plus sûrs moyens de faire que chaque
année la masse de nos produits s'accroisse et
suive la marche progressive de notre population.

En administration tout se lie, et les causes de
la prospérité publique s'enchaînent. Voyez les
effets de l'amélioration des communications chez
un peuple : chaque route qu'on ouvre, chaque
canal qui se creuse, chaque rivière rendue na-
vigable ne procureront pas uniquement un
mieux partiel ; mais tous ces travaux tendront
encore à mettre en commun les subsistances,
à les répandre, et à ramener cet équilibre
sans lequel il y a toujours des chertés locales,
tandis que l'avilissement de la denrée est à déplorer sur certains points. Ainsi le perfectionne-
ment de nos communications exercera la plus
salutaire influence sur le régime des subsistances, en ce qu'il aura pour but d'égaliser les

prix, de stimuler, dans des contrées reculées, moins fertiles, le zèle et l'activité de l'agriculteur. Leurs heureux effets deviendront sur-tout sensibles alors que des intempéries, frappant la presque universalité des états, la rareté des grains sera manifeste; car, dans ce cas, si les blés sont chers dans les lieux ouverts, accessibles aux arrivages, à quel taux ne s'élèvent-ils point, quand au prix déja considérable de la denrée il faut ajouter les énormes frais résultant d'un transport difficile.

Un des moyens d'atténuer, pour certaines contrées, cette différence dans les prix, fatale au producteur comme au consommateur, sera donc l'attention continue qu'apportera l'administration à entretenir comme à ouvrir de nouvelles communications. Du jour où la France pourrait compter un nombre tel de canaux et de routes, que les produits d'un département devinssent communs à ceux qui le touchent, la tâche de l'autorité, sous le rapport des subsistances, se serait singulièrement simplifiée (1).

Long-temps, nous l'avons vu, l'exportation des grains fut regardée comme dangereuse; permise de loin à loin, suspendue, arrêtée, elle n'exis-

_____

(1) Par-là disparaîtraient ou seraient bien moins sensibles ces différences considérables qu'on remarque dans les prix,

tait jamais soumise à des principes législatifs, indépendants du caprice des hommes. Comment s'accordait-elle d'ailleurs, quand aucun signe certain ne constatait l'abondance ? Aussi elle n'était proclamée qu'alors que l'agriculture était déja souffrante ou découragée : encore dans ce cas des commissions étaient délivrées à certains individus ; et, comme nous avons eu occasion de le dire, un tel système ravissait à l'agriculture tous les bienfaits de l'exportation. En effet les acheteurs, étant singulièrement limités dans leur nombre, plaçaient les vendeurs dans une complète dépendance.

Le principe qui pouvait servir de règle à l'exportation fut posé dans l'ordonnance de 1764 ; mais il restait encore à faire. Il convenait de déterminer divers prix, et de les choisir tels, qu'ils pussent devenir l'expression de l'opportunité du besoin qu'il y a de faire cesser l'exportation dans

---

même entre les départements voisins. Ces différences sont quelquefois de 6 fr. par hectolitre entre deux départements limitrophes. Il arrive que le blé dans la Haute-Garonne est à 18 fr. au même moment où il s'élève à 22 dans les Bouches-du-Rhône, tandis qu'il atteint à peine le prix de 16 f. 50 c. dans la Haute-Saône, et qu'enfin dans les départements situés au nord-est de la France, on a peine à le vendre 12 f. 50 c. à la même époque. Ces disparités sont encore plus choquantes dans les temps de chertés.

7.

certaines contrées. Pour atteindre ce but, les départements frontières du royaume furent donc rangés dans trois classes; et trois prix différents déterminèrent, pour chacune de ces classes, le taux auquel l'exportation devrait s'arrêter.

Il semblerait d'abord que trois divisions sont trop peu nombreuses pour rendre cette variété qui existe dans les prix entre tous les départements frontières. Mais ce classement ayant été fait par le gouvernement avec un grand soin et d'après des documents précieux, il serait téméraire de le déclarer insuffisant. Au surplus, si quatre et cinq classes même devaient exister, pour parvenir à rendre égaux entre les départements les avantages de l'exportation, soyons assurés que l'administration supérieure, après l'avoir reconnu, se hâterait de les proposer.

La loi a voulu que l'exportation cessât dans les départements compris dans la première classe lorsque le blé froment vaut 23 fr.; 21 fr. dans ceux de la seconde classe, et 19 fr. dans ceux qui composent la troisième.

J'avouerai que ces prix de 23, 21 et 19 fr., adoptés comme indicateurs du terme de l'exportation, ne me paraissent pas, après y avoir long-temps réfléchi, suffisamment élevés pour pouvoir offrir à l'agriculture cet encouragement constant qui seul peut soutenir ses efforts et la

détourner de se livrer de préférence à l'engrais
des bestiaux et aux prairies artificielles, comme
cela est arrivé en Angleterre, à la suite de
l'adoption de dispositions qui étaient insuffisantes pour qu'il y eût bénéfice à cultiver de
préférence les céréales (1).

Le but du législateur est louable, je le conçois. Il a desiré avant tout que la nourriture
presque unique de la classe pauvre fût toujours
à bas prix. Mais ici méfions-nous de la séduc-
tion des apparences, et prenons garde que,
faute d'avoir consenti à ce que le blé reste ordinairement à un prix un peu plus élevé, d'être
exposés par cela même à ce que le haussement
n'en devienne que plus marqué et plus fâcheux,
toutes les fois qu'il surviendra une récolte médiocre. Un cours offrant habituellement un
profit convenable et suffisant à l'agriculteur,
fera que la culture des céréales demeurera son
principal objet, parce qu'il y verra une source
non interrompue de profits; tandis que, si les
intempéries doivent seules rendre de la valeur
à ses produits, il cherchera dans d'autres soins
des résultats plus constants.

_____

(1) L'exportation cessant à 23 fr. dans les départements
de la première classe, la livre de pain n'y vaudrait pas tout-
à-fait 16 c.

Toujours les mauvaises récoltes améneront un renchérissement quelconque dans les prix. Cela est dans la nature des choses ; et dire que la liberté du commerce, la libre circulation tempéreront ce haussement, est vrai, de même qu'avancer qu'elles le préviendront entièrement, serait mentir. Eh bien, ce malheur d'un renchérissement sera d'autant plus fâcheux, excitera d'autant plus de plaintes, que la législation aura maintenu les grains à un moindre prix dans les circonstances ordinaires.

En administration, comme en beaucoup d'autres choses, ce qu'il importe d'éviter par-dessus tout, ce sont les secousses. Aussi la recherche d'un *mieux* absolu, tel que le bas prix habituel du blé, me semble l'ennemie d'un bien véritable et réel, qui est un cours constamment plus élevé, mais par cela même bien plus à l'abri de ces transitions brusques qui font naître l'inquiétude et portent le trouble dans toutes les transactions usuelles de la vie (1).

---

(1) C'est ici l'occasion de remarquer que certains écrivains, en voyant dans le bas prix des subsistances, la meilleure garantie de la modération dans les salaires, se sont trompés. Avec une population nombreuse, telle que l'est celle de la France, la main-d'œuvre doit être moins chère, toutes les fois qu'il existe un renchérissement dans la valeur du blé. L'observation a toujours confirmé, par le témoi-

Au reste l'expérience, si sur-tout la providence permet que nous la devions à l'observation
de faits recueillis dans des circonstances heu-

gnage de faits à l'appui, que ce principe est mieux qu'une
assertion : c'est qu'alors la concurrence est en effet mieux
établie, plus instante entre les ouvriers. Vainement on objecte-
rait que, dans les temps de crises, le pauvre pressé par la faim
consent à travailler à tout prix, mais qu'il n'en serait pas
de même si la cherté continuait et devenait un état permanent. Ceci mériterait et exigerait un long examen ; et ce
n'est point mon objet puisque ce n'est pas la cherté que je
réclame comme état habituel, mais un cours qui assure des
bénéfices constants et suffisants à l'agriculture. Je maintiens
qu'un tel cours sera plus dans l'intérêt de l'industrie, des
manufactures et des travaux agricoles, que le bas prix qui
ne procure pas *l'aisance*, mais permet l'oisiveté et est comme
l'aliment de la paresse. En effet, tant de gens vous disent :
Lorsque avec trois jours de travail on obtient ce qui est nécessaire pendant sept, à quoi bon travailler la semaine entière ? » L'avilissement dans le prix des subsistances sera donc
funeste aussi à l'industrie, car les prétentions naîtront
précisément du bas prix; et pour obtenir de l'ouvrier
une continuité de travail, il faudra accroître son salaire.
Mais le bon marché, objet si essentiel, comment le rencontrer dans les produits avec un surhaussement de main-
d'œuvre ? Cependant, s'il est vrai que les fabriques françaises (destinées à subir dans les marchés, cette redoutable
et tyrannique concurrence anglaise), aient plus que jamais
besoin d'établir au plus bas prix possible, je ne vois pas
qu'une législation qui aurait les conséquences que j'ai
énoncées, doive leur être favorable.

reuses, mettra dans un plus grand jour la vérité des réflexions que nous nous sommes permises. Pour le moment, qu'il nous suffise d'être assurés que les principes les plus salutaires sont consacrés dans la loi de 1814 (7).

Celle qui fut soumise à la délibération des chambres le 31 mai dernier, ayant été adoptée par elles, l'importation intempestive des blés en France, qui eût détruit tous les effets de la loi de 1814, sera modérée. Il faut l'espérer, les secours du dehors se trouveront limités dans les justes bornes de nos besoins, et la ruine de l'agriculture ainsi que l'avilissement de la propriété seront heureusement prévenus. Nous considérons donc les dispositions renfermées dans la loi du 16 juillet 1819 (8) comme l'appui et le complément de la loi de décembre 1814.

Ici, cependant, doivent être consignées les réflexions qu'a fait naître l'adoption d'un article additionnel, « qui autorise le gouvernement à « modifier dans l'intervalle des sessions le ta- « bleau annexé à la loi, sauf à faire approuver « ces modifications dans la première session qui « suivra. » Ce tableau contenant la nomenclature

(7) Voyez, pour cette note, à la fin de l'ouvrage.

(8) Voyez-y aussi cette loi, ainsi que l'exposé des motifs par M. le comte Decazes, et à la suite l'ordonnance du 6 octobre 1819.

des marchés des départements choisis comme
régulateurs et indicateurs des prix, c'est leur
cours qui fait successivement mettre à exécution
les diverses dispositions de la loi : or, il est évident que la substitution du marché de telle ville
à celui de telle autre pouvant changer le cours
régulateur, rien ne demeurera fixe et constant:
tout spéculateur, indépendamment des chances
ordinaires, aura donc constamment à redouter
l'intercalation d'un *nom* qui pourra détruire les
bases essentielles sur lesquelles il s'appuyait.

Il faut bien terminer par une autre remarque,
non moins importante. La législation de 1806
voulait que les préfets pussent aussitôt, sur le
vû du cours, autoriser ou suspendre l'exportation.
Dans la loi qui vient d'être rendue, comme dans
celle de 1814, la liberté du commerce a perdu
quelque chose, puisque l'exécution n'a lieu que
d'après les ordres du ministre de l'intérieur.
C'était cependant quelque chose de précieux et
de naturel que cette *instantanéité*, si je puis
m'exprimer ainsi, qui existait dans l'application
des dispositions législatives.

J'entends très-bien que cette sorte de timidité
prend sa source dans des craintes louables jusqu'à un certain point, et qu'aussi la critique
doit en s'exprimant adopter elle-même les
formes les plus modérées, emprunter même celles

du doute. Quand on croit devoir blâmer les mesures d'un gouvernement éclairé qui recherche
de bonne foi la vérité et veut sincèrement le
bien, on ne doit le faire qu'avec ménagement.

Mais, si l'administration a en grande partie
rempli sa tâche (sauf quelques modifications
qu'elle devra opérer un peu plus tard sous la dictée
de l'expérience), il reste beaucoup à faire à la
politique. Je m'explique : il peut ne pas toujours
suffire de consacrer le principe de l'exportation,
d'en fixer les bases et d'en déterminer les conditions, pour qu'elle s'opère. Si un grand royaume, essentiellement agricole, est cependant
privé de colonies; si sa marine est peu floris-
sante; si enfin ses fabriques, ses manufactures,
bien que parvenues à un grand degré de perfec-
tionnement, et s'honorant de progrès infinis
depuis quinze ans, ne pouvaient obtenir, pour
leurs produits, la préférence dont jouissent
ceux d'une puissance qui a su, en quelque sorte,
les imposer à toutes les nations, alors quels seraient, nous le demandons, les effets d'une loi
d'exportation pour les grains ?

Si, de plus, depuis dix ans des contrées, à
peine indiquées sur la carte, se couvrent maintenant, chaque été, d'abondantes moissons, et
semblent, par la fertilité d'un sol vierge, défier
les intempéries, comment, nous le répétons,

au milieu de semblables circonstances , se promettre de grands avantages de l'exportation ?

Je comprends que la Hollande qui, de tout
temps, a fait avec profit le commerce des grains,
puisse venir encore prendre les nôtres, les emmagasiner, pour les revendre plus tard dans les
temps de cherté à ceux qui en auront besoin ,
et à nous tous les premiers. Le Piémont peut-
être aussi trouvera-t-il commode de venir chercher chez nous ce qui lui manquera, la Suisse
également; mais l'Angleterre ne songera point
à remplir son déficit annuel avec les blés de
France : il lui convient bien mieux d'aller en
acheter là où ses nombreux vaisseaux déposent
les produits de ses fabriques. Alors donc seulement que la disette la pressera, elle viendra
enlever nos grains. Cependant, pour que, dans
cette hypothèse, nous puissions lui en vendre ,
il faudra encore admettre que ses besoins ne
seront pas l'effet d'une mauvaise récolte commune à notre pays, mais simplement la suite de
l'inclémence et des variations de sa température.

Ce besoin des colonies, si vivement senti par
tous les bons esprits, se reproduit ici avec une
nouvelle force (1) ; mais si la situation des

_____

(1) Leur consommation ne s'élevait pas, année commune,
à moins de 600 mille quintaux de farine. Ces farines étaient

choses, la différence des temps, ne permettent plus à la France de rétablir des rapports absolus, il faut du moins qu'on recherche toutes les occasions de former des liens fondés sur l'éternel besoin des échanges.

Cependant, si la politique ne parvenait pas à ouvrir d'utiles débouchés au produit de notre sol, ou qu'elle n'atteignît qu'imparfaitement ce but, ne conviendrait-il pas d'associer alors l'intérêt privé à l'écoulement de notre superflu en ce genre ? Et pourquoi, par exemple, notre législation sur les grains n'introduirait-elle pas le principe des *primes à l'exportation*, lorsque les prix tomberaient si bas que la culture cesserait de trouver dans leur cours les bénéfices qui garantissent la reproduction ? Qu'on ne soit point effrayé de cet encouragemeut que nous proposons d'accorder à ceux qui s'occuperaient du placement de nos blés. Le danger serait nul, puisque la prime n'existerait qu'alors que les prix seraient très-peu élevés. La dépense en pareil cas est tout profit ; car le retour des valeurs considérables , qui serait le résultat de

---

prises en grande partie dans le Midi. Aussi voilà comment cette contrée , privée de ce débouché et voisine du port où affluent les blés d'Odessa , a eu tant à se plaindre dans ces derniers temps d'une *stérile* abondance.

la vente de notre superflu en grains, ferait bien plus que compenser par ses avantages les sommes réparties entre les négociants français. Notre marine marchande y trouverait aussi un précieux encouragement.

Si nous insistons autant sur l'importance d'assurer l'exportation de l'excédent de nos grains, c'est que nous sommes dominés par une considération majeure, la nécessité de soutenir la culture, et de ne point avilir tout-à-fait la propriété dans un pays essentiellement agricole, et où l'impôt territorial, par la commodité qu'il offrira toujours à ceux qui gouverneront, sera non-seulement à jamais maintenu, mais bien des années encore en disproportion avec le revenu des possesseurs de terres (1).

Ces considérations acquièrent un nouveau

_____

(1) L'établissement et la perception des impôts indirects réclament des combinaisons, exigent des tâtonnements ; mais ici, les centimes viennent si facilement se joindre à d'autres centimes ! les calculs eux-mêmes sont si simples ! aussi voyons-nous qu'à toutes les époques où on a éprouvé un besoin d'argent un peu pressant, on s'est adressé de préférence à la contribution foncière. En 1813, Napoléon, au milieu de l'invasion, manquant de ressources, y recourut; et depuis, on a bien souvent suivi cet exemple. C'est avec un tel impôt qu'on pourrait dire que le plus médiocre directeur des contributions vaut un Colbert.

degré d'importance, à la suite de la perte de numéraire qui a été le prix et aussi la conséquence de la libération de notre territoire. Nous desirerions être démentis ; mais nous croyons pouvoir affirmer avec certitude que désormais , et pendant un long temps, tout retour d'argent en France ne sera guère dû qu'à la vente au dehors du produit de notre sol : 1814 nous a ramenés là ; et il faut, dans cette situation fâcheuse, ne négliger du moins aucun moyen de développer les sources de prospérité que les événements et les traités ne nous ont pas ravies.

Après nous être élevé à ces hautes considérations d'intérêt public , qui ne paraîtront pas une digression dans cet essai, il nous reste à examiner encore divers points essentiels, afin d'achever d'éclairer et de résoudre la question qui en est le sujet.

Lorsque la force des choses exigera que l'importation vienne au secours de la France , l'usage des *primes*, nous le pensons, devra toujours être préféré à des achats faits par le gouvernement. Il y aura économie, et tous les bénéfices de l'opération profiteront au commerce. Par-là aussi sera évitée l'intervention de l'autorité, ce qui est encore un bon motif pour s'arrêter aux *primes* et s'y borner, dût-on les

élever pour exciter plus sûrement l'activité des
négociants. L'effet des arrivages de blé, dans
des temps de cherté, exerçant, indépendamment
d'un résultat positif sur l'accroissement des subsistances, un effet moral précieux, il nous semble que dans de certains cas, au lieu d'accorder
simplement la *prime* aux blés amenés dans tel
ou tel port du royaume, on retirerait de grands
avantages de celle plus forte qui serait offerte
au négociant qui ferait arriver des grains du
dehors dans une contrée de l'intérieur où la
denrée serait plus rare, à raison de son isole-
ment ou de son infertilité. C'est par une telle
marche qu'on déjouera les calculs de la cupidité.
Et ce système, qui ne présente aucun danger,
en l'exécutant avec sagesse et précaution, sera
bien plus efficace que toutes les mesures réglementaires. L'homme qui sait que la masse des
subsistances peut être accrue sur un point,
sans qu'il ait la faculté d'apprécier précisément
l'étendue et l'importance du secours, s'effraie
et vend sans attendre un renchérissement qu'il
cesse d'espérer. En un mot, par-là, l'opinion de
tous ceux qui ont à acheter est calmée, tandis
que les chances favorables à la hausse ont diminué dans l'esprit des vendeurs.

On pensa long-temps qu'il était permis à
l'administration de voir dans l'établissement des

greniers d'abondance formés dans les villes un puissant moyen de secours, dans le cas où une cherté survenait; mais nous sommes bien loin de ranger cette mesure au nombre de celles qui pourraient prévenir la disette, ou même en diminuer les effets. La formation de tout amas de blé de la part de l'autorité, indépendamment des frais énormes et des abus qu'elle entraîne, présente un inconvénient majeur : c'est celui de faire cesser l'action du commerce sur les points où s'établissent de tels approvisionnements; le moyen, en effet, qu'un négociant sensé fasse des achats et dirige ses spéculations en faveur d'un lieu où il est sûr qu'il trouvera au marché pour concurrent, dans la vente de sa chose, le gouvernement ou une ville qui peut et doit perdre! Je dis qui doit perdre, car si le peuple se récrie sur le haut prix du blé quand il achète d'un particulier, il s'indignerait si l'autorité avait la prétention de lui vendre au même taux. Il y aura donc toujours ruine et péril pour l'administration qui, adoptant une pareille mesure, semblera contracter au même moment (tacitement) la responsabilité de l'approvisionnement d'une ville, et placer, pour ainsi dire, l'abondance au nombre de ses attributions.

Que des ordonnances royales imposent dans

les grandes villes, aux individus exerçant la profession de boulanger, l'obligation d'avoir constamment en réserve par devers eux une quantité déterminée de blés ou de farines, cela est sage et prévoyant; et aucun des inconvénients qui s'attachent à la mesure des greniers d'abondance, ne peut ici exister.

Une question débattue par de bons esprits, et sur laquelle des hommes supérieurs ont varié, est celle de savoir si le système qui a prévalu, de maintenir dans Paris le prix des subsistances au-dessous de la valeur qu'elles ont dans le reste du royaume, est bon ? M. Necker, dans son livre publié en 1775, se prononce contre le système pratiqué (1). En ne considérant que des idées de justice et de sévères principes, son opinion semblerait devoir triompher. Cependant je m'étonne bien un peu que l'écrivain, qui fait dans le cours de son ouvrage si souvent

---

(1) Il s'exprime ainsi : « Je ne pense point que les approvisionnements de la capitale doivent être destinés à y entretenir continuellement, par des ventes au rabais, un prix plus modéré que les circonstances ne le permettent. Ces opérations sont une sorte de contrainte qui en entraîne beaucoup d'autres ; car, tandis que d'une main on arrête le cours naturel des blés dans Paris, il faut de l'autre y attirer cette denrée par force, etc. »

Puis il continue : « Assez de motifs inévitables agran-

8

céder les principes et les droits de la propriété aux considérations que commande le repos des classes peu aisées, se soit montré si inflexible à l'égard d'une dérogation que tant de bonnes raisons peuvent motiver, en faveur d'une immense capitale. Nous l'avons dit précédemment; nous pensons que tout gouvernement prudent ne devra jamais laisser à la seule prévoyance du commerce et de l'intérêt privé réunis le soin de maintenir l'abondance dans Paris. Bornons-nous à observer que les exceptions sont justes et n'impliquent point contradiction avec le respect pour les principes, lorsqu'elles naissent de faits et de circonstances qui s'écartent entièrement de l'ordre ordinaire des choses. Or, une popu-

dissent la population de la capitale, sans qu'on y attire du monde inutile, par des sacrifices; et l'on devrait renoncer avec grandeur à ces acclamations populaires, qui ne peuvent être achetées que par le renversement de l'ordre. Ces acclamations, d'ailleurs, ne peuvent jamais être l'effet assuré du bas prix du blé dès qu'il est permanent; ce n'est que dans les mouvements que le prix fait vers la baisse, et quelque temps encore après s'être arrêté, que le peuple peut se réjouir; car le prix de la main-d'œuvre imitant dans sa marche le prix des subsistances, les hommes de travail sont bientôt ramenés à la condition dont ils étaient sortis; condition qui leur est assignée par leur concurrence et par la force irrésistible de la propriété.

lation de 800 mille individus est une réunion tellement supérieure à toutes celles que présentent les autres villes du royaume, que pour elle aussi les principes généraux les meilleurs, les plus sûrs, peuvent bien cesser d'être applicables (1).

Le mal lui-même quelquefois recèle le germe d'une amélioration. C'est ainsi que les efforts de l'administration avaient été vainement dirigés pendant des années vers l'encouragement et la propagation d'une culture utile. La pomme de terre pendant long-temps ne se rencontrait que dans les champs du propriétaire aisé du canton ; elle était repoussée et dédaignée par le pauvre :

---

(1) On avait conçu, sous le gouvernement impérial, le projet d'élever pour la capitale des greniers d'abondance ; mais si , comme tout porte à le croire, l'érection de ces bâtiments devait donner à l'approvisionnement de Paris une extension qui eût dépassé les justes proportions que la prévoyance indique ; cet amas de grains dispendieusement réunis et conservés eût été une folie. Napoléon, qui aimait les constructions , les monuments , et qui en a laissé de nobles et de vraiment utiles, quand sur-tout il ouvrit des routes ou creusa des canaux, souriait à l'idée de constructions remarquables par leur étendue ; dans son goût pour les édifices , il savait difficilement résister à la vue de projets qui lui en promettaient d'imposants et de durables.

Une réserve de 90 mille sacs de farine , pour Paris, est

il n'y croyait pas. Eh bien, ce que la raison et l'expérience n'avaient pu amener , les chertés des années 1812, 1816 et 1817 l'ont opéré. La culture des pommes de terre s'est popularisée , protégée par la disette. Désormais elle sera l'objet, chaque année , des soins du plus simple habitant des campagnes , comme du plus éclairé. Ainsi l'ami du bien public, sans s'égarer dans de chimériques espérances , peut se dire que, lors des chertés à venir , plus d'un besoin sera diminué par ce bienfaisant tubercule.

Cependant , pour que cet ensemble de moyens et de données puisse amener la solution la moins imparfaite possible de l'important pro-

---

un approvisionnement (indépendamment sur-tout de ceux qu'on exige des boulangers) extrêmement considérable. Si l'on se reporte de 1778 à 1789, on verra qu'avec 6 mille sacs l'administration obtenait alors tout ce que la prévoyance réclame. MM. Leleu , négociants recommandables , étaient chargés d'entretenir cette réserve ; par leur marché , on leur avait remis les moulins de Corbeil , et cet approvisionnement ne coûtait pas à la ville de Paris plus de 96 mille francs par an. Dans le passé il est des errements utiles, des faits précieux à consulter. Si, consentant à nous dépouiller des formes gigantesques que tant de circonstances ont contribué à nous faire adopter depuis vingt ans, un examen des antécédents nous conduisait à obtenir à moins de frais des résultats satisfaisants , certes, cette recherche ne serait pas sans utilité.

blême qui nous occupe, finissons en disant qu'il est indispensable que l'administration supérieure n'oublie jamais que la discrétion, la prudence, sont sur-tout recommandées en matière de subsistances. Une crainte éveillée, un doute propagé, transforment bientôt en une disette une simple cherté ; et malheureusement, nous le savons, pour être funeste, la disette n'a pas toujours besoin d'être réelle. Pour les peuples, les subsistances sont du domaine de l'imagination; et c'est assez dire que la raison, la vérité, ont perdu leur empire, lorsqu'une fois cet objet a été entrevu par eux à travers ce dangereux prisme. C'est pour cela qu'un écrivain a dit avec justesse, à l'égard des subsistances, *que les prix étaient un composé de réalité et d'imagination.*

Telles sont, messieurs, les observations, les réflexions, les recherches qu'a fait naître la question que vous avez proposée à résoudre, et que tout homme éminemment Français, sincèrement ami de son pays, a dû chercher à présenter sous les aspects qui s'offraient, je ne dirai plus ici à son imagination, mais à son profond intérêt pour le bien public. Elle était d'une haute importance cette question ! Je n'ose pas croire que j'aie atteint le but vers lequel me dirigeaient et vos sentiments patriotiques et

les miens; mais j'aurai fait assez, si vous ap-
prouvez mes efforts, si vous jugez que mes intentions se sont identifiées avec les vôtres; que
j'ai voulu, même en reconnaissant mon insuffisance, donner à mes concurrents l'occasion d'un
triomphe que je ne leur envierai pas, puisqu'en
l'emportant sur moi ils n'auraient que le
triomphe du talent, et que je me serai réservé
le bonheur de dire : Et moi aussi je suis l'ami
de mon pays; et moi aussi je connais les besoins du pauvre, ce premier besoin sur-tout
qui l'attache au sol qui le nourrit; et moi aussi
je suis Français!

NOTES.

Note 1, page 26.

« Les commissaires Delamare et le Page arrivèrent
à Sens le jeudi 22 juillet; le samedi 24, ils furent
avertis qu'il y avait une émotion populaire dans la
grande place où le marché se tenait : ils s'y trans-
portèrent et y trouvèrent le peuple attroupé en grand
nombre, armé de fourches et de bâtons, au-devant
d'une maison, et des échelles dressées pour y entrer
par les fenêtres. Les commissaires se firent entendre,
calmèrent le peuple; et, après s'être informés du sujet
de ce soulèvement, ils apprirent qu'un riche laboureur d'un village proche de Sens, qui faisait valoir
son bien par ses mains, avait encore ses granges et
ses greniers remplis de grains vieux; que néanmoins
tous les jours de marché lui ou sa femme en venaient
acheter et l'enchérissaient toujours au-dessus du prix
courant; qu'ils avaient même souvent eu l'adresse d'y
envoyer de leur blé par leurs domestiques ou par
d'autres personnes qui leur étaient affidées, et qu'eux-
mêmes venaient le marchander et l'achetaient fort
cher, ne courant aucun risque, le blé leur appartenant; qu'ils en usaient ainsi dans le dessein de vendre

le blé qu'ils avaient chez eux; que ce même jour, à l'ouverture du marché , la femme de ce particulier était venue à son ordinaire et avait enchéri le blé de trois sous par bichet, ce qui avait fait soulever le peuple contre elle et assiéger la maison où elle s'était sauvée. Les commissaires firent garder cette maison par les huissiers de la justice de Sens, qui étaient venus recevoir leurs ordres ; ils firent ensuite ouvrir les sacs des laboureurs et des marchands ; et le blé qui avait été vendu, le marché précédent, six livres le bichet, au lieu de l'augmentation de trois sous que la femme de ce laboureur avait voulu y mettre, ne fut vendu en leur présence que 3 liv. 15 s. : c'était 45 sols de diminution par bichet, et conséquemment 15 liv. 15 s. sur chaque setier, mesure de Paris. Cette femme après le marché fut conduite en prison , etc.

Le même auteur rapporte que des individus poussaient si loin l'avidité et l'audace, que, malgré les défenses les plus sévères, ils achetèrent par acte notarié des récoltes sur pied. »

Note 2, page 40.

Voici le préambule de la déclaration du 25 mai 1763:
Louis , etc. « La culture et le commerce des grains nécessaires à la vie ayant toujours été regardés comme l'objet le plus important pour le bien des peuples , les rois nos prédécesseurs ont donné une attention particulière aux moyens d'en procurer l'abondance, en ménageant également les intérêts

des cultivateurs et ceux des consommateurs. Ils ont
regardé la liberté de la circulation dans l'intérieur
comme nécessaire à maintenir ; mais les précautions
qu'ils ont cru devoir prendre pour empêcher les
abus, ont souvent donné quelque atteinte à cette
liberté. Animé du même esprit, et persuadé que
rien n'est plus propre à arrêter les inconvéniens du
monopole qu'une concurrence libre et entière dans
le commerce des denrées, nous avons cru devoir
restreindre la rigueur des réglemens précédemment
rendus, pour encourager les cultivateurs dans leurs
travaux, et donner à cette portion précieuse de nos
sujets des marques particulières du soin que nous
prenons de ses intérêts. A ces causes, etc.»

Note 3, page 41.

Rapportons l'exposé qu'on lit en tête de l'édit
donné à Compiègne au mois de juillet 1764 :

Louis, etc. « L'attention que nous devons à tout ce
qui peut contribuer au bien de nos sujets, nous a
porté à écouter favorablement les vœux qui nous ont
été adressés de toutes parts, pour établir la plus
grande liberté dans le commerce des grains, et ré-
voquer les lois et les réglemens qui auraient été faits
précédemment pour le restreindre dans des bornes
trop étroites. Après avoir pris les avis des personnes
les plus éclairées en ce genre, et en avoir mûrement
délibéré en notre conseil, nous avons cru devoir
déférer aux instances qui nous ont été faites pour la

libre exportation et importation des grains et farines,
comme propres à animer et à étendre la culture des
terres, dont le produit est la source la plus réelle et
la plus sûre des richesses d'un état ; à entretenir
l'abondance par les magasins et l'entrée des blés
étrangers, à empêcher que les grains ne soient à un
prix qui décourage le cultivateur, à écarter le monopole par l'exclusion sans retour de toutes permissions
particulières, et par la libre et entière concurrence
dans le commerce ; à entretenir enfin entre les différentes nations cette communication d'échanges du
superflu avec le nécessaire, si conforme à l'ordre
établi par la divine providence, et aux vues d'humanité qui doivent animer tous les souverains. Nous
avons reconnu qu'il était digne de nos soins conti-
nuels pour le bonheur de nos peuples, et de notre
justice pour les propriétaires des terres et pour les
fermiers, de leur rendre une liberté qu'ils desirent
avec tant d'empressement ; et nous avons même cru
devoir mettre, par une loi solennelle et perpétuelle,
les marchands et négociants à l'abri de toute crainte
de retour aux lois prohibitives. Mais, pour ne laisser
aucune inquiétude à ceux qui ne sentiraient pas
assez les avantages que doit procurer la liberté d'un
tel commerce, il nous a paru nécessaire de fixer un
prix au grain, au-delà duquel toute exportation hors
du royaume en serait interdite, dès que le blé serait
monté à ce prix ; et comme nous ne devons négliger
aucune occasion d'exciter l'industrie , nous avons
résolu de favoriser en même temps la navigation

française, en assurant aux vaisseaux et aux équipages français , exclusivement à tous autres, le transport des grains exportés. A ces causes, et autres à ce nous mouvant, de l'avis de notre conseil, et de notre certaine science , pleine puissance et autorité royale , nous avons, par le présent édit perpétuel et irrévocable , dit, statué et ordonné, disons, statuons et ordonnons, voulons et nous plaît ce qui suit , etc. »

Note 4, page 45.

Tout le préambule de l'arrêt du conseil est trop remarquable pour ne pas être rapporté. Le voici :

Le roi s'étant fait rendre compte du prix des grains dans les différentes parties de son royaume , des lois rendues successivement sur le commerce de cette denrée, et des mesures qui ont été prises pour assurer la subsistance des peuples et prévenir la cherté; sa majesté a reconnu que ces mesures n'ont point eu le succès qu'on s'en était promis. Persuadée que rien ne mérite de sa part une attention plus prompte, elle a ordonné que cette matière fût de nouveau discutée en sa présence , afin de ne se décider qu'après l'examen le plus mûr et le plus réfléchi. Elle a vu avec la plus grande satisfaction que les plans les plus propres à rendre la subsistance de ses peuples moins dépendante des vicissitudes des saisons, se réduisent à observer l'exacte justice , à maintenir les droits de la propriété, et la liberté légitime de ses sujets. En conséquence, elle s'est résolue à rendre au commerce des grains, dans l'intérieur de son royaume, la liberté qu'elle regarde comme l'unique moyen de prévenir, autant qu'il est possible, les inégalités excessives dans les prix, et d'empêcher que rien n'altère le prix juste et naturel que doivent avoir les subsistances, suivant la variation des saisons et l'étendue des besoins. En annonçant les principes qu'elle a cru devoir adopter, et les motifs qui ont fixé sa décision, elle veut développer ces motifs, non-seulement par un effet de sa bonté, et pour témoigner à ses sujets qu'elle se propose de les gouverner toujours comme un père conduit ses enfants, en mettant sous leurs yeux leurs véritables intérêts ; mais encore pour prévenir ou calmer les inquiétudes que le peuple conçoit si aisément sur cette matière, et que la seule instruction peut dissiper ; sur-tout pour assurer davantage la subsistance des peuples, en augmentant la confiance des négociants dans des dispositions, auxquelles elle ne donne la sanction de son autorité, qu'après avoir vu qu'elles ont pour base immuable la raison et l'utilité reconnues. Sa majesté s'est donc convaincue que, la variété des saisons et la diversité des terrains occasionnant une très-grande inégalité dans la quantité des productions d'un canton à l'autre, et d'une année à l'autre dans le même canton, la récolte de chaque canton se trouvant par conséquent quelquefois au-dessus, et quelquefois au-dessous du nécessaire pour la subsistance des habitants, le peuple ne peut vivre dans les lieux et dans les années où les moissons ont manqué, qu'avec des grains, ou apportés des lieux favorisés par l'abondance, ou conservés des années antérieures : qu'ainsi le transport et la garde des grains sont, après la production, les seuls moyens de prévenir la disette des subsistances ; parce que ce sont les seuls moyens de communication qui fassent du superflu la ressource du besoin. La liberté de cette communication est nécessaire à ceux qui manquent de la denrée, puisque, si elle cessait un moment, ils seraient réduits à périr. Elle est nécessaire à ceux qui possèdent le superflu, puisque sans elle ce superflu n'aurait aucune valeur, et que les propriétaires, ainsi que les laboureurs, avec plus de grains qu'il ne leur en faut pour se nourrir, seraient dans l'impossibilité de subvenir à leurs autres besoins, à leurs dépenses de toute espèce, et aux avances de la culture, indispensables pour assurer la production de l'année qui doit suivre. Elle est salutaire pour tous, puisque ceux qui dans un moment se refuseraient à partager ce qu'ils ont avec ceux qui n'ont pas, se priveraient du droit d'exiger les mêmes secours, lorsqu'à leur tour ils éprouveraient les mêmes besoins ; et que dans les alternatives de l'abondance et de la disette tous seraient exposés tour-à-tour aux derniers degrés de la misère, qu'ils seraient assurés d'éviter tous en s'aidant mutuellement. Enfin elle est juste, puisqu'elle est et doit être réciproque ; puisque le droit de se procurer par son travail et par l'usage légitime de ses propriétés, les moyens de subsistance préparés par la Providence à tous les hommes, ne peut être sans

injustice ôté à personne. Cette communication, qui
se fait par le transport et la garde des grains, et sans
laquelle toutes les provinces souffriraient alternativement ou la disette ou la non-valeur, ne peut être
établie que de deux manières : ou par l'entremise du
commerce laissé à lui-même, ou par l'intervention
du Gouvernement. Les réflexions et l'expérience
prouvent également que la voie du commerce libre
est, pour fournir aux besoins du peuple, la plus
sûre, la plus prompte, la moins dispendieuse et la
moins sujette à inconvénients. Les négociants, par
la multitude des capitaux dont ils disposent, par
l'étendue de leurs correspondances, par la prompti-
tude et l'exactitude des avis qu'ils reçoivent, par
l'économie qu'ils savent mettre dans leurs opérations,
par l'usage et l'habitude de traiter les affaires de
commerce, ont des moyens et des ressources qui
manquent aux administrateurs les plus éclairés et les
plus actifs. Leur vigilance, excitée par l'intérêt, pré-
vient les déchets et les pertes ; leur concurrence rend
impossible tout monopole ; et le besoin continuel où
ils sont de faire rentrer leurs fonds promptement
pour entretenir leur commerce, les engage à se con-
tenter de profits médiocres ; d'où il arrive que le
prix des grains dans les années de disette ne reçoit
guère que l'augmentation inévitable qui résulte des
frais et risques du transport ou de la garde. Ainsi,
plus le commerce est libre, animé, étendu, plus le
peuple est promptement, efficacement et abondam-
ment pourvu : les prix sont d'autant plus uniformes ;

ils s'éloignent d'autant moins du prix moyen et habituel, sur lequel les salaires se règlent nécessairement. Les approvisionnements faits par les soins du gouvernement, ne peuvent avoir les mêmes succès. Son attention, partagée entre trop d'objets, ne peut être aussi active que celle des négociants, occupés de leur seul commerce. Il connaît plus tard, il connaît moins exactement et les besoins et les ressources. Ses opérations, presque toujours précipitées, se font d'une manière plus dispendieuse. Les agents qu'il emploie n'ayant aucun intérêt à l'économie, achètent plus chèrement, transportent à plus grands frais, conservent avec moins de précaution; il se perd, il se gâte beaucoup de grains. Ces agents peuvent, par défaut d'habileté, ou même par infidélité, grossir à l'excès la dépense de leurs opérations. Ils peuvent se permettre des manœuvres coupables à l'insu du gouvernement. Lors même qu'ils en sont le plus innocents, ils ne peuvent éviter d'en être soupçonnés; et le soupçon rejaillit toujours sur l'administration qui les emploie, et qui devient odieuse au peuple, par les soins mêmes qu'elle prend pour le secourir. De plus, quand le gouvernement se charge de pourvoir à la subsistance des peuples en faisant le commerce des grains, il fait seul ce commerce; parce que pouvant vendre à perte, aucun négociant ne peut sans témérité s'exposer à sa concurrence. Dès-lors l'administration est seule chargée de remplir le vide des récoltes. Elle ne le peut qu'en y consacrant des sommes immenses, sur lesquelles elle fait des pertes inévitables. L'intérêt de son avance, le montant de ses pertes, forment une augmentation de charges pour l'état, et par conséquent pour les peuples ; et deviennent un obstacle aux secours, bien plus justes et plus efficaces, que le roi, dans les temps de disette, pourrait répandre sur la classe indigente de ses sujets. Enfin, si les opérations du gouvernement sont mal combinées et manquent leur effet ; si elles sont trop lentes, et que les secours n'arrivent point à temps ; si le vide des récoltes est tel, que les sommes destinées à cet objet par l'administration soient insuffisantes, le peuple, dénué des ressources que le commerce réduit à l'inaction ne peut plus lui apporter, reste abandonné aux horreurs de la famine, et à tous les excès du désespoir. Le seul motif qui ait pu déterminer les administrateurs à préférer ces mesures dangereuses aux ressources naturelles du commerce libre, a sans doute été la persuasion que le gouvernement se rendrait par-là maître du prix des subsistances, et pourrait, en tenant les grains à bon marché, soulager le peuple et prévenir ses murmures. L'illusion de ce système est cependant aisée à reconnaître. Se charger de tenir les grains à bon marché, lorsqu'une mauvaise récolte les a rendus rares, c'est promettre au peuple une chose impossible, et se rendre responsable à ses yeux d'un mauvais succès inévitable. Il est impossible que la récolte d'une année, dans un lieu déterminé, ne soit pas quelquefois au-dessous du besoin des habitants ; puisqu'il n'est que trop notoire qu'il y a des récoltes fort inférieures à la production de l'année commune, comme il y en a de fort supérieures. Or, l'année commune des productions ne saurait être au-dessus de la consommation habituelle. Car le blé ne vient qu'autant qu'il est semé : le laboureur ne peut semer, qu'autant qu'il est assuré de retrouver, par la vente de ses récoltes, le dédommagement de ses peines et de ses frais, et la rentrée de toutes ses avances, avec l'intérêt et le profit qu'elle lui aurait rapporté dans toute autre profession que celle de laboureur. Or, si la production des mauvaises années était égale à la consommation, que celle des années moyennes fût par conséquent au-dessus, et celle des années abondantes incomparablement plus forte ; le prix des grains serait tellement bas, que le laboureur retirerait moins de ses ventes qu'il ne dépenserait en frais. Il est évident qu'il ne pourrait continuer un métier ruineux; et qu'il n'aurait de ressource que de semer moins de grains, en diminuant sa culture d'année en année, jusqu'à ce que la production moyenne, compensation faite des années abondantes et des années stériles, se trouvât correspondre exactement à la consommation habituelle. La production d'une mauvaise année est donc nécessairement au-dessous des besoins. Dès-lors, le besoin étant aussi universel qu'impérieux, chacun s'empresse d'offrir à l'envi un prix plus haut de la denrée, pour s'en assurer la préférence. Non-seulement ce renchérissement est inévitable; mais il est l'unique remède possible de la rareté, en attirant la denrée par l'appât du gain. Car , puisqu'il y a un vide , et que ce vide ne peut être rempli que par les grains réservés des années précédentes, ou apportés d'ailleurs , il faut bien que le prix ordinaire de la denrée soit augmenté du prix de la garde , ou de celui du transport; sans l'assurance de cette augmentation , l'on n'aurait point gardé la denrée, on ne l'apporterait pas ; il faudrait donc qu'une partie du peuple manquât du nécessaire et pérît. Quelques moyens que le gouvernement emploie , quelques sommes qu'il prodigue , jamais , et l'expérience l'a montré dans toutes les occasions, il ne peut empêcher que le blé ne soit cher quand les récoltes sont mauvaises. Si, par des moyens forcés , il réussit à retarder cet effet nécessaire, ce ne peut être que dans quelque lieu particulier , pour un temps très-court; et en croyant soulager le peuple , il ne fait qu'assurer et aggraver ses malheurs. Les sacrifices faits par l'administration , pour procurer ce bas prix momentané, sont une aumône faite aux riches, au moins autant qu'aux pauvres ; puisque les personnes aisées consomment, soit par elles-mêmes , soit par la dépense de leurs maisons , une très-grande quantité de grains. La cupidité sait s'approprier ce que le gouvernement a voulu perdre, en achetant au-dessous de son véritable prix, une denrée sur laquelle le renchérissement, qu'elle prévoit avec une certitude infaillible, lui promet des profits considérables. Un grand nombre de personnes, par la crainte de manquer, achètent beaucoup au-delà de leurs besoins , et forment ainsi une multitude d'amas

particuliers de grains , qu'elles n'osent consommer ,
qui sont entièrement perdus pour la subsistance des
peuples, et qu'on retrouve quelquefois gâtés après le
retour de l'abondance. Pendant ce temps, les grains
du dehors, qui ne peuvent venir qu'autant qu'il y a
du profit à les apporter, ne viennent point. Le vide
augmente par la consommation journalière ; les approvisionnements, par lesquels on avait cru soutenir le
bas prix, s'épuisent ; le besoin se montre tout-à-coup
dans toute son étendue, et lorsque le temps et les
moyens manquent pour y remédier. C'est alors que
les administrateurs , égarés par une inquiétude qui
augmente encore celle des peuples, se livrent à des
recherches effrayantes dans les maisons des citoyens,
se permettent d'attenter à la liberté, à la propriété ,
à l'honneur des commerçants, des laboureurs, de
tous ceux qu'ils soupçonnent de posséder des grains.
Le commerce, vexé, outragé, dénoncé à la haine du
peuple, fuit de plus en plus : la terreur monte à son
comble; le renchérissement n'a plus de bornes, et
toutes les mesures de l'administration sont rompues.
Le gouvernement ne peut donc se réserver le transport et la garde des grains , sans compromettre la
subsistance et la tranquillité des peuples. C'est par
le commerce seul, et par le commerce libre, que
l'inégalité des récoltes peut être corrigée. Le roi doit
donc à ses peuples d'honorer, de protéger, d'encourager d'une manière spéciale le commerce des grains ,
comme le plus nécessaire de tous. Sa majesté ayant
examiné sous ce point de vue les réglements auxquels

ce commerce a été assujetti, et qui, après avoir été abrogés par la déclaration du 25 mai 1763, ont été renouvelés par l'arrêt du 23 décembre 1770, elle a reconnu que ces réglements renferment des dispositions directement contraires au but qu'on aurait dû se proposer ; que l'obligation imposée à ceux qui veulent entreprendre le commerce des grains, de faire inscrire sur les registres de la police leurs noms, surnoms, qualités et demeures, le lieu de leurs magasins et les actes relatifs à leurs entreprises, flétrit et décourage ce commerce, par la défiance qu'une telle précaution suppose de la part du gouvernement, par l'appui qu'elle donne aux soupçons injustes du peuple ; sur-tout parce qu'elle tend à mettre continuellement la matière de ce commerce, et par conséquent la fortune de ceux qui s'y livrent, sous la main d'une autorité qui semble s'être réservé le droit de les ruiner et de les déshonorer arbitrairement : que ces formalités avilissantes écartent nécessairement de ce commerce tous ceux d'entre les négociants, qui par leur fortune, par l'étendue de leurs combinaisons, par la multiplicité de leurs correspondances, par leurs lumières et l'honnêteté de leur caractère, seraient les seuls propres à procurer une véritable abondance ; que la défense de vendre ailleurs que dans les marchés, surcharge sans aucune utilité les achats et les ventes, des frais de voiture au marché, des droits de hallage, magasinage et autres, également nuisibles au laboureur qui produit, et au peuple qui consomme ; que cette défense, en forçant les vendeurs et les acheteurs à choisir pour leurs opérations les jours et heures des marchés, peut les rendre tardives, au grand préjudice de ceux qui attendent, avec toute l'impatience du besoin, qu'on leur porte la denrée ; qu'enfin, n'étant pas possible de faire dans les marchés aucun achat considérable, sans y faire hausser extraordinairement le prix et sans y produire un vide subit qui répandant l'alarme soulève les esprits du peuple, défendre d'acheter hors des marchés, c'est mettre tout négociant dans l'impossibilité d'acheter une quantité de grains suffisante pour secourir d'une manière efficace les provinces qui sont dans le besoin, d'où il résulte, que cette défense équivaut à une interdiction absolue du transport et de la circulation des grains d'une province à l'autre ; qu'ainsi, tandis que l'arrêt du 23 décembre 1770 assurait expressément la liberté du transport de province à province, il y mettait, par ses autres dispositions, un obstacle tellement invincible, que depuis cette époque le commerce a perdu toute son activité, et qu'on a été forcé de recourir, pour y suppléer, à des moyens extraordinaires, onéreux à l'état, qui n'ont point rempli leur objet, et qui ne peuvent ni ne doivent être continués. Ces considérations mûrement pesées ont déterminé Sa majesté à remettre en vigueur les principes établis par la déclaration du 25 mai 1763 ; à délivrer le commerce des grains des formalités et des gênes auxquelles on l'avait depuis assujetti par le renouvellement de quelques anciens réglements; à rassurer les négociants contre la crainte de voir leurs opérations traversées par des achats faits pour le compte du gouvernement. Elle les invite tous à se livrer à ce commerce. Elle déclare que son intention est de les soutenir par sa protection la plus signalée. Et, pour les encourager d'autant plus à augmenter dans le royaume la masse des subsistances, en y introduisant des grains étrangers, elle leur assure la liberté d'en disposer à leur gré. Elle veut s'interdire à elle-même et à ses officiers toutes mesures contraires à la liberté et à la propriété de ses sujets, qu'elle defendra toujours contre toute atteinte injuste. Mais si la providence permettait que, pendant le cours de son règne, ses provinces fussent affligées par la disette, elle se promet de ne négliger aucun moyen pour procurer des secours vraiment efficaces à la portion de ses sujets qui souffre le plus des calamités publiques.

Note 5, page 47.

Louis, par la grace de Dieu, etc. Un des premiers soins que nous avons cru devoir au bonheur de nos peuples, a été de rendre leur subsistance plus assurée, en rappelant, par l'arrêt de notre conseil du 13 septembre 1774, et les lettres-patentes expédiées sur icelui le 2 novembre suivant, la législation du commerce des grains à ses vrais principes. Nous avons desiré que ces principes fussent exposés clairement et en détail, pour faire connaître à nos peuples que les moyens les plus sûrs de leurs procurer l'abondance sont de maintenir la circulation libre, qui fait passer les denrées, des lieux de la production, à ceux du besoin et de la consommation ; de protéger et d'encourager le commerce qui les porte le plus sûrement aux lieux où la consommation est la plus grande et le débit le plus certain.

Nous avons eu la satisfaction de voir les mesures que nous avions prises justifiées par l'expérience, puisqu'au milieu même des préjugés populaires, des inquiétudes et des troubles appuyés sur ces préjugés, et des dégâts commis par une populace ignorante ou séduite; après une très-mauvaise récolte, dont l'insuffisance a été prouvée par la quantité des grains nouveaux qui ont approvisionné les marchés, avant même que la récolte suivante fût achevée ; malgré les dérangements et le ralentissement qu'avaient apportés dans les spéculations des négociants le renouvellement des anciens règlements contraires à la liberté, et l'interruption qui en avait résulté pendant plusieurs années dans le commerce des grains, la denrée n'a cependant point manqué, les provinces souffrantes ont reçu des secours de celles qui étaient mieux fournies, il a été importé dans le royaume des quantités considérables de grains; et les prix, quoique plus hauts que nous ne l'aurions desiré, n'ont cependant point été aussi excessifs qu'on les a souvent vus sous le régime prohibitif, même dans des années où la récolte avait été beaucoup moins généralement mauvaise que celle de l'année 1774.

Enfin une meilleure récolte a ramené l'abondance. Nous ne pouvons trop nous hâter de mettre à profit ces moments de tranquillité, pour achever de lever tous les obstacles qui peuvent encore ralentir les progrès et l'activité du commerce; afin que si la stérilité afflige de nouveau nos provinces, nos peuples puissent trouver des ressources préparées d'avance contre la disette, et qu'ils ne soient plus exposés à ces variations excessives dans la valeur des grains, qui détruisent la proportion entre le prix des salaires et celui des subsistances.

Les grandes villes, et sur-tout les capitales, appellent naturellement l'abondance par la richesse et le nombre des consommateurs. Notre bonne ville de Paris semble être en particulier destinée, par sa position, à devenir l'entrepôt du commerce le plus étendu.

Les rivières de Seine, d'Yonne, de Marne, d'Oise; la Loire, par les canaux de Briare et d'Orléans, établissent des communications faciles entre cette ville et les provinces les plus fertiles de notre royaume; elle offre le passage naturel par lequel les richesses de toutes ces provinces devraient circuler librement et se distribuer entre elles; l'immensité de ses consommations fixerait nécessairement dans son enceinte la plus grande partie des denrées de toute nature, si rien ne les arrêtait dans leur cours; elle aurait même à sa disposition toutes celles que le commerce libre s'empresserait d'y rassembler, pour les verser sur toutes les provinces voisines.

Cependant nous reconnaissons avec peine que l'approvisionnement en grains de notredite ville, loin d'être abondant et facile, comme il le serait dans l'état d'une libre circulation, a été, depuis plusieurs siècles, un objet de soins pénibles pour le gouvernement, et de sollicitude pour la police; et que ces soins n'ont abouti qu'à en repousser entièrement le commerce.

En donnant nos lettres-patentes du 2 novembre 1774, nous nous sommes proposé de chercher dans l'examen approfondi des réglements de police particuliers à notredite ville de Paris, les causes qui s'opposaient à la facilité de son approvisionnement, et nous avons annoncé par l'article cinq desdites lettres patentes, notre intention de statuer sur ces réglements par une loi nouvelle.

Nous nous sommes fait représenter en conséquence, les ordonnances, arrêts, réglements de police, intervenus sur le commerce des grains et l'approvisionnement de Paris.

Nous avons reconnu que, dans des temps malheureux de troubles et de guerres civiles, dans des siècles où le commerce n'existant point encore, ces principes ne pouvaient être connus, les rois nos prédécesseurs, Charles VI, Charles IX, Henri III, ont donné quelques ordonnances sur cette matière; que, sans aucun concours de l'autorité royale, plusieurs réglements de police s'y sont joints, pour former le corps d'une législation équivalente à une prohibition d'apporter des grains à Paris; que l'habitude et le préjugé l'ont cependant maintenue, et quelquefois confirmée ; que même dans des temps où le gouvernement commençait à porter sur cet objet une attention plus éclairée, on a réclamé fortement pour la conservation de cette police ; qu'elle a été réservée, comme si elle eût été la sauve-garde de la facilité des subsistances :

Que des officiers créés en différents temps, à la halle et sur les ports , étaient chargés de veiller à son exécution, et cependant autorisés à percevoir des droits dont la vente des grains demeure grevée :

Qu'enfin depuis peu d'années, il a été mis un impôt sur ce commerce pour la construction de la Halle et d'une Gare.

Ainsi, en réunissant les différents effets de la police destinée à assurer les subsistances dans Paris, il demeure constant que des droits de différente nature augmentent le prix des grains et farines, tandis que les réglements en empêchent l'abondance ; et que toutes les parties de cette législation sont tellement contradictoires entre elles et contraires à leur objet, que l'indispensable nécessité de la réforme se trouve démontrée par le plus simple exposé des réglements et de leurs effets.

Une ordonnance du mois de février 1415 renouvelée par un arrêt de 19 août 1661, défend de serrer ou d'ôter des sacs les blés ou farines arrivées par terre ; de débarquer, de mettre en greniers ou magasins, ou même sous des bannes, les mêmes denrées arrivées par eau ; en sorte que suivant les réglements, elles doivent demeurer exposées à l'air, à la pluie et à l'humidité continue qui les corrompt.

Le même arrêt de 1661 défend de faire aucuns amas de grains, et d'en laisser séjourner dans les lieux de l'achat, ou sur les ports du chargement, ou sur les routes par lesquelles ils doivent arriver.

Ces réglements réunis interdisent à la ville de Paris tout moyen de conserver des grains et farines dans son intérieur, et d'en avoir dans ses environs.

La même ordonnance de 1415 impose aux marchands qui apportent des grains à Paris, l'obligation de les vendre avant le troisième marché, à peine d'être alors forcés de les vendre à un prix inférieur à celui des marchés précédents ; et cependant l'arrêt du 19 août 1661, et l'ordonnance de police du 30 mars 1635, après avoir interdit à tous marchands la faculté de faire aucun achat dans Paris, défendent même à tout boulanger d'acheter plus de deux muids de blé par marché.

Ainsi la même police, par des dispositions contradictoires, force de vendre et défend d'acheter.

En s'y conformant exactement, la capitale ne pourrait jamais avoir de provisions que pour onze jours de consommation ; car l'intervalle entre trois marchés n'étant que de onze jours, d'un côté, les marchands assurés de n'avoir plus la disposition libre de leur denrée après cet intervalle, et d'être peut-être forcés de la vendre à perte, ne porteraient jamais à Paris que les grains nécessaires à la subsistance de ces onze jours ; tandis que d'un autre côté, cette ville ne pourrait avoir aucunes provisions dans des dépôts particuliers, puisqu'ils y sont réprouvés ; ni même chez les boulanger, puisqu'il leur est défendu d'acheter plus de deux muids de blé.

Si cette police était observée ; toutes les fois que les hautes ou basses eaux, les gelées et les neiges interrompraient la navigation ou les routes pendant plus de onze jours, les habitants de Paris manqueraient entièrement de subsistance dans les années les plus fertiles, et au milieu de l'abondance dont jouirait le reste du royaume.

Un arrêt du parlement du 23 août 1565, défend aux marchands de grains sous peine de punition corporelle, de transporter, soit par terre ou par eau, en montant ou en descendant, hors de la ville, les grains qu'ils y ont fait entrer : Deux ordonnances de police, de 1622 et 1632, ajoutent à la rigueur de l'arrêt, en défendant d'acheter et de faire sortir aucuns grains de la distance de dix lieues de Paris, à peine de confiscation et d'amende arbitraire.

Ces dispositions tendent à bannir le commerce des grains de la ville de Paris, où le négociant est privé de la liberté et presque de la propriété de sa denrée, et sur-tout de l'attrait essentiel au commerce, de pouvoir se porter où il espère un bénéfice ; cette police l'avertit même qu'il ne doit ni s'approcher de la ville, ni passer dans l'arrondissement des dix lieues, et cet espace devient un point de séparation insurmontable entre toutes les provinces qui pourraient profiter des avantages de la navigation pour se prêter des secours mutuels; de manière que la Bourgogne et la Champagne surchargées de grains, ne pourraient secourir la Normandie affligée de la disette, par la seule raison que la Seine traverse Paris et son arrondissement; de même qu'à peine aucun secours ne pouvait être porté de Normandie à Paris et au-delà, en remontant la Seine, avant que par notre édit du mois de juin 1775 portant suppression des offices de marchands privilégiés et porteurs de grains et abolition du droit de bannalité de la ville de Rouen, nous eussions levé les obstacles qui interceptaient dans cette ville le commerce des grains.

L'ordonnance de police de 1635 ci-dessus citée, et confirmée par un édit de 1672, défend aux marchands qui ont commencé la vente d'un bateau de blé d'en augmenter le prix; et par une injustice évidente, le marchand soumis aux hasards qui ont diminué le prix au commencement de sa vente, ne peut profiter de ceux qui, avant la fin de cette vente, peuvent rendre le prix plus avantageux.

Les mêmes réglements enjoignent encore à tout négociant qui fait transporter des grains à Paris, de les y vendre en personne ou par des gens de sa famille, et non par des facteurs; on ignorait alors que le laboureur ne peut abandonner les travaux de sa culture, ou le négociant le soin de son commerce, pour suivre une partie de ses marchandises; qu'ils ne peuvent l'un et l'autre se déplacer sans frais; et que leurs dépenses devant être remboursées par leur commerce, augmenteraient inutilement le prix des grains.

La défense faite aux voituriers par l'arrêt de 1661 ,
de vendre des grains dans les chemins, ou même de
délier les sacs à peine de confiscation est sans objet à
l'égard du commerce, qui ne s'arrête pas dans ses
destinations pour se livrer à de semblables détails ;
elle serait inhumaine pour ceux de nos sujets qui
pourraient éprouver des besoins pressants ; elle est encore incommode et rebutante pour le négociant ,
qu'elle expose à être inquiété, et peut-être injustement
puni , si quelque accident oblige de toucher aux sacs
de grains qu'il fait conduire.

Enfin l'obligation imposée par le même arrêt de
1661 , à ceux qui font le commerce des grains pour
Paris, de passer leurs factures par-devant notaires, de
les représenter aux officiers des grains, de les faire
enregistrer sur des registres publics , est une formalité
contraire à tous les usages, à l'intérêt du commerce
qui exige sur-tout la bonne foi , le secret et la célérité
des expéditions ; et cette loi n'a d'autre effet que d'oc-
casionner des frais , qui augmentent le prix des ventes.

C'est par de tels réglements qu'on s'est flatté autrefois, et presque jusqu'à nos jours, de pourvoir à la
subsistance de notre bonne ville de Paris. Les négociants qui par état sont les agents nécessaires de la circulation, qui portent infailliblement l'abondance par-
tout où ils peuvent trouver liberté, sûreté et débit,
ont été traités comme des ennemis qu'il fallait vexer
dans leur route, et charger de chaînes à leur arrivée ;
les blés qu'ils apportaient dans la ville , ne devaient
plus en sortir ; mais ils ne pouvaint ni les conserver ,

ni les garantir des injures de l'air et de la corruption ; on s'efforçait de précipiter les ventes ; on arrêtait les achats ; le marchand devait vendre ses grains en trois jours de marché, ou les perdre ; l'acheteur ne pouvait s'en pourvoir que lentement, et en petites parties ; la diminution des prix faisait la loi au négociant, leur augmentation ne pouvait lui profiter ; les marchands de grains effrayés par les rigueurs de la police, étaient encore dévoués à la haine publique ; le commerce opprimé, diffamé de toutes parts, fuyait la ville ; un arrondissement de vingt lieues de diamètre séparait entre elles et de notredite ville, les provinces les plus abondantes ; et cependant toutes précautions étaient interdites dans l'intérieur et sur les abords ; on paraissait même conspirer contre les moissons futures, en exigeant que le laboureur quittât son travail pour suivre ses grains, et les vendre par lui-même.

Cette police désastreuse a produit dans les temps anciens, les effets qu'on devait en attendre ; des chertés excessives et longues ont succédé rapidement à des années d'abondance ; elles se sont prolongées sans disette effective ; elles ont conseillé des remèdes violents et dangereux qui les ont perpétuées, parce que le commerce, anéanti par les réglements, ne pouvait donner aucun secours.

Tels sont les effets que notre ville de Paris a éprouvés dans les années 1660, 1661, 1662, 1663 ; dans les années, 1692, 1693, 1694 ; dans les années 1698 et 1699 ; enfin dans l'année 1709, et depuis dans les années 1740 et 1741, temps funeste, où le prix des grains, étant modéré dans plusieurs provinces, était cependant excessif à Paris ; où l'excès de ce prix était déterminé, non par leur quantité effective, mais par l'avidité du petit nombre de marchands auxquels la vente des grains était livrée, sous un régime qui ne permettait ni commerce, ni circulation, ni concurrence. L'abandon de ces réglements nuisibles, fondé sur les lois de la nécessité, a pu seul rendre moins incertain l'approvisionnement de notre bonne ville de Paris ; ils menaçaient sans cesse de disette et de cherté ; il était indispensable de tolérer des ressources contre les obstacles que pouvaient opposer les glaces ou les inondations ; d'avoir des magasins dans l'arrondissement des dix lieues, et même dans l'intérieur ; de souffrir que les marchands pussent préserver leurs grains des injures de l'air, qu'ils eussent le temps de les vendre, la faculté d'employer des facteurs : ce n'est qu'à l'inexécution de ces lois que Paris a dû sa subsistance.

Mais l'inexécution de telles lois ne suffit pas pour rassurer le commerce, que leur existence menace encore ; il n'a point repris ses fonctions ; le gouvernement ne pouvant y mettre sa confiance, s'est cru obligé de pourvoir par lui-même à l'approvisionnement de la capitale. Il a éprouvé que cette précaution réputée nécessaire, avait les plus grands inconvénients ; que le commerce qui se faisait sous ses ordres, n'admettait ni l'étendue, ni la célérité, ni l'économie du commerce ordinaire ; que ses agents autorisés portaient dans tous les marchés où ils paraissaient, l'alarme et le renchérissement; qu'ils pouvaient même, par la nature de leurs fonctions, commettre plusieurs abus; que les opérations de ce genre, consommant le découragement et la fuite absolue du commerce ordinaire, surchargeaient de dépenses énormes les finances, et par conséquent nos sujets qui en fournissent les fonds; enfin qu'elles ne remplissaient pas leur objet.

C'est sur-tout dans les derniers temps que ces inconvénients multipliés se sont fait sentir plus vivement; la déclaration du 25 mai 1763 semblait préparer la prospérité de l'agriculture et la facilité des subsistances, en ordonnant que la circulation des grains fût entièrement libre par tout le royaume; mais une multitude d'obstacles particuliers et locaux trompait le vœu général de la loi, et embarrassait toutes les communications; ils n'étaient encore ni reconnus, ni levés.

L'édit de juillet 1764 n'avait eu qu'une exécution momentanée, lorsque ses dispositions ont été restreintes; cette législation, encore incomplète, demandait de nouveaux soins : et cependant des récoltes faibles ne laissaient considérer qu'avec timidité tout projet d'innovation, lorsque l'arrêt du conseil du 23 décembre 1770, et les lettres-patentes du 16 janvier 1771, rappelant le régime prohibitif des siècles passés, ont resserré les chaînes dont le commerce des grains commençait à peine à se débarrasser, et en ordonnant cependant la libre circulation, l'ont surchargée de formalités nombreuses et compliquées qui la rendaient impossible.

A cette époque, l'inégalité des récoltes a cessé d'être la mesure de la valeur des grains : leur vrai prix n'a existé en aucun lieu : on l'a vu excessif en quelques endroits, modéré et même bas dans des lieux assez voisins. Le blé et le seigle ont manqué dans nos ports les plus fréquentés par le commerce, et n'ont pu y être portés des autres ports où régnait l'abondance, lorsqu'il ne s'y est point trouvé de siége d'amirauté. l'apparence toujours prochaine dequel que disette locale a surchargé le gouvernement de sollicitudes, de dépenses excessives, d'opérations forcées, qui ont donné au peuple beaucoup d'inquiétude, et trop peu de secours réels ; et dans cet espace de temps, où plusieurs récoltes ont été assez bonnes, le prix des grains en général a été plus haut qu'on ne l'a vu en 1775 après la mauvaise récolte de 1774.

L'examen de ces faits, qui sont de notoriété publique, nous a convaincu que le commerce, affranchi de toute gêne et de toute crainte, peut seul suffire à tous les besoins, prévenir les inégalités des prix, les variations subites et effrayantes qu'on a vues trop souvent arriver sans causes réelles ; qu'il pourrait seul, en cas de malheur, suppléer au vide des disettes effectives, auxquelles toutes les dépenses du gouvernement ne pourraient remédier.

Déterminé à donner dans tous les temps à nos peuples des preuves de notre amour, à faire les sacrifices que leur bonheur et la facilité des subsistances pourront exiger de nous, nous voulons choisir par préférence et leur faire connaître ceux dont l'utilité est la plus certaine et la plus directe ; nous nous proposons de fixer l'abondance dans leurs murs, en révoquant des réglements qui la bannissent, en affranchissant les grains des droits qui en augmentent le prix et qui en troublent le commerce ; enfin en le délivrant des fonctions incommodes de quelques offices créés pour veiller à l'exécution de ces réglements, et que nous avons cru de notre sagesse de supprimer, avec d'autres offices du même genre, par notre édit de ce mois.

Nous nous déterminons à exempter de tous droits, et à faire jouir d'une immunité absolue, les blés, méteils, seigles, farines, pois, fèves, lentilles et riz, destinés à la consommation du peuple de notredite ville ; mais, en exerçant notre bienfaisance par l'extinction actuelle de ces droits, nous n'oublierons pas qu'il est de notre justice de pourvoir aux indemnités qui pourront être dues pour raison des suppressions que nous nous proposons d'ordonner.

Une partie des droits qui se perçoivent sur les grains, a été concédée aux prévôt des marchands et échevins de notre bonne ville de Paris, par la déclaration du 25 novembre 1762, pour l'établissement de la halle neuve et d'une gare. Le produit est affecté au paiement de charges réelles, à l'acquittement desquelles il sera par nous pourvu jusqu'au 1er janvier 1783 ; temps auquel le paiement du droit de halle et de gare doit cesser, aux termes de la même déclaration.

Une autre partie de ces mêmes droits était attribuée aux offices de mesureurs et de porteurs de grains, établis sur la halle et sur les ports par l'édit du mois

10.

de juin 1730, et qui sont compris dans la suppression générale ordonnée par notre édit de ce mois.

L'ordre à établir pour effectuer les indemnités assurées à ces officiers par notredit édit, exige que nous réservions, pour être perçue à notre profit, une partie des droits qui avaient été attribués à ces mêmes offices sur l'avoine, l'orge et les grains et grenailles, autres néanmoins que les blés, méteils, seigles, farines, pois, fèves, lentilles et riz, et moins utiles à la subsistance de notre peuple, que les espèces que nous affranchissons spécialement.

Nous voulons néanmoins distinguer et éteindre dès-à-présent la portion de ce droit, qui ne représentait que les salaires des porteurs employés au service de la halle ; nous ne ferons percevoir que la portion attribuée aux officiers, comme interêt de leurs finances.

Nous ne doutons pas que le commerce délivré de toutes les gênes, et encouragé par nos lois, ne pourvoie à tous les besoins de notre bonne ville de Paris. Ainsi l'abondance constante et le juste prix des subsistances deviendront la suite et l'effet de la réforme d'une police nuisible, de la protection que nous accorderons au commerce, de la liberté des communications, enfin de l'immunité absolue de tous les droits qui augmentaient les prix : et le bien que nous aurons fait à nos sujets sera la récompense la plus douce des soins que nous prenons pour eux.

A ces causes, et autres à ce nous mouvant; de notre certaine science, pleine puissance et autorité royale, nous avons dit, déclaré et ordonné; et par ces présentes signées de notre main , disons , déclarons , voulons et nous plaît ce qui suit :

ART. I. Voulons qu'il soit libre à toutes personnes , de quelques qualité et condition qu'elles soient , de faire apporter et de tenir en grenier ou en magasin , tant dans notre bonne ville de Paris, que dans l'arrondissement des dix lieues et ailleurs, des grains et des farines , et de les vendre en tels lieux que bon leur semblera , même hors des bateaux ou de la halle.

ART. II. Il sera pareillement libre à toutes personnes, même aux boulangers de notre bonne ville de Paris, d'acheter des grains et farines à telles heures, en telles quantités , et en tels lieux, tant de ladite ville que d'ailleurs , qu'ils jugeront à propos.

ART. III. Ceux qui auront des grains et farines, soit à la halle et aux ports , soit en greniers ou magasins dans ladite ville de Paris, ne pourront être contraints de les vendre dans le troisième marché, ni dans tout autre délai.

ART. IV. Pourront aussi ceux qui auront des grains à vendre dans notredite ville , augmenter , ainsi que diminuer le prix, conformément au cours du commerce , sans que, sous prétexte de l'ouverture d'une pile ou d'un bateau , et du commencement de la vente de l'une ou de l'autre , ils puissent être contraints à la continuer au même prix.

ART. V. Il sera pareillement libre à tous ceux qui auront des grains et farines dans ladite ville de Paris, de les vendre en personne , ou par des commissionnaires ou facteurs.

Art. VI. Ceux qui feront le commerce des grains dans notre ville de Paris, ou pour elle, ne pourront en aucun cas être contraints à rapporter aucunes déclarations, lettres de voitures ou factures passées par-devant notaires, ni à les faire enregistrer sur aucuns registres publics.

Art. VII. Il sera libre à toutes personnes de faire ressortir, tant de la ville de Paris que de l'étendue des dix lieues, les grains et farines qu'elles y auront fait entrer, ou qu'elles y auront achetés, sans avoir besoin pour raison de ce d'aucune permission.

Art. VIII. Avons éteint et supprimé, éteignons et supprimons les droits sur les blés, méteils, seigles, farines, pois, fèves, lentilles et riz, attribués aux offices de mesureurs et porteurs de grains, que nous avons compris dans la suppression ordonnée par notre édit du présent mois, des différents offices créés sur les ports et halles; de tous lesquels droits, imposés sur les denrées les plus nécessaires, faisons don et remise aux habitants de notre bonne ville de Paris : défendons à toutes personnes, de faire, sous prétexte d'iceux, aucune perception, à compter du jour de la publication de notre présente déclaration, à peine de concussion.

Art. IX. Avons pareillement éteint et supprimé, éteignons et supprimons le droit de halle et de gare sur les blés, méteils, seigles, farines, pois, fèves, lentilles et riz, ensemble les huit sous pour livre levés sur partie dudit droit : Et en conséquence des dispositions portées par le présent article et par l'article précédent, lesdits grains et farines seront libres et exempts de tous droits quelconques dans notredite bonne ville de Paris. Voulons néanmoins que la perception desdits droits de halle et de gare, sur toutes les autres denrées et marchandises qui y sont sujettes, et qui ne sont point spécialement affranchies par notre présente déclaration , continue d'être faite au profit des prévôt des marchands et échevins de notre bonne ville de Paris, jusqu'au 1er janvier 1783, que ladite perception doit cesser , suivant les lettres-patentes du 25 novembre 1762, qui l'ont établie.

ART. X. Avons réservé et réservons, pour être (ainsi qu'il sera ci-après déclaré) perçus à notre profit les droits attribués auxdits offices de mesureurs et de porteurs de grains, sur l'avoine, l'orge , les graines et grenailles , autres néanmoins que les blés , méteils, seigles , pois, fèves, lentilles et riz. Voulons que ladite perception soit faite aux barrières par les commis et préposés de l'adjudicataire-général de nos fermes, lequel sera tenu de nous en compter, conformément aux dispositions de l'article III de l'édit du présent mois , portant suppression des communautés d'officiers, auxquels lesdits droits avaient été attribués.

ART. XI. Ordonnons que sur les droits réservés, et désignés au précédent article, distinction soit faite de la portion répondante aux salaires du travail dont lesdits officiers étaient tenus relativement aux grains sur la halle et sur les ports; et que du jour de la publication de notre présente déclaration, ladite portion cesse d'être perçue ; et sera l'autre portion de ces mêmes droits, que nous entendons nous réserver, perçue sur le pied et conformément au tarif attaché sous le contre-scel de notre présente déclaration.

ART. XII. Sera par nous pourvu à l'indemnité due auxdits prévôt des marchands et échevins de notre bonne ville de Paris, pour raison de l'extinction ordonnée par l'article IX ci-dessus, du droit de halle et de gare sur les grains et farines, énoncés audit article; et ce, sur les fonds qui seront par nous à ce destinés.

ART. XIII. Seront au surplus nos lettres-patentes données sur le commerce des grains le 2 novembre 1774, exécutées pour notre bonne ville de Paris et pour les dix lieues de son arrondissement : dérogeons à toutes ordonnances, édits, déclarations, lettres-patentes, arrêts et réglements à ce contraires.

Note 6, page 59.

La convention nationale considérant tous les maux que les accapareurs font à la société par des spéculations meurtrières sur les plus pressants besoins de la vie et sur la misère publique, décrète ce qui suit :

ART. I.er L'accaparement est un crime capital.

ART. II. Sont déclarés coupables d'accaparement ceux qui dérobent à la circulation des marchandises ou denrées de première nécessité, qu'ils achètent et tiennent enfermées dans un lieu quelconque, sans les mettre en vente journellement et publiquement.

ART. III. Sont également déclarés accapareurs ceux

qui font périr ou laissent périr volontairement les denrées et marchandises de première nécessité.

Art. IV. Les denrées et marchandises de première nécessité sont le pain, la viande, le vin, les grains, farines, légumes, fruits, le beurre, le vinaigre, le cidre, l'eau-de-vie, le charbon, le suif, le bois, l'huile, la soude, le savon, le sel, les viandes et poissons secs, fumés, salés ou marinés, le miel, le sucre, le chanvre, le papier, les laines ouvrées et non ouvrées, les cuirs, le fer et l'acier, le cuivre, les draps, la toile, et généralement toutes les étoffes, ainsi que les matières premières qui servent à leur fabrication, les soieries exceptées.

Art. V. Pendant les huit jours qui suivront la proclamation de la présente loi, ceux qui tiennent en dépôt, dans quelque lieu que ce soit de la république, quelques-unes des marchandises ou denrées désignées dans l'article précédent, seront tenus d'en faire la déclaration à la municipalité ou section dans laquelle sera situé le dépôt desdites denrées ou marchandises. La municipalité ou section en fera vérifier l'existence, ainsi que la nature et la quantité des objets qui y sont contenus, par un commissaire qu'elle nommera à cet effet, les municipalités ou sections étant autorisées à lui attribuer une indemnité relative aux opérations dont il sera chargé, laquelle indemnité sera fixée par une délibération prise dans une assemblée générale de la municipalité ou section.

Art. VI. La vérification étant finie, le propriétaire de denrées ou marchandises déclarera au commissaire, sur l'interpellation qui lui en sera faite et consignée par écrit, s'il veut mettre lesdites denrées ou marchandises en vente à petits lots et à tout venant, trois jours au plus tard après sa déclaration. S'il y consent, la vente sera effectuée de cette manière, sans interruption et sans délai, sous l'inspection du commissaire nommé par la municipalité ou section.

ART. VII. Si le propriétaire ne veut pas ou ne peut pas effectuer ladite vente, il sera tenu de remettre à la municipalité ou section copie des factures ou marchés relatifs aux marchandises vérifiées existant dans le dépôt. La municipalité ou section lui en passera reconnaissance, et chargera de suite un commissaire d'en opérer la vente suivant le mode ci-dessus indiqué, en fixant les prix de manière que le propriétaire obtienne, s'il est possible, un bénéfice commercial, d'après les factures communiquées ; cependant, si le haut prix des factures rendait ce bénéfice impossible, la vente n'en aurait pas moins lieu sans interruption, *au prix courant* desdites marchandises ; elle aurait aussi lieu de la même manière, si le propriétaire ne pouvait livrer aucune facture. Les sommes résultant du produit de cette vente lui seront remises dès qu'elle sera terminée, les frais qu'elle aura occasionnés étant préalablement retenus sur ledit produit.

ART. VIII. Huit jours après la publication et proclamation de la présente loi, ceux qui n'auront pas fait les déclarations qu'elle prescrit, seront réputés accapareurs, et comme tels punis de mort; leurs biens seront confisqués, et les denrées ou marchandises qui en feront partie seront mises en vente, ainsi qu'il est indiqué dans les articles précédents.

ART IX. Seront punis de mort également ceux qui seront convaincus d'avoir fait de fausses déclarations, ou de s'être prêtés à des suppositions de nom de personnes ou de propriétés, relativement aux entrepôts et marchandises. Les fonctionnaires publics, ainsi que les commissaires nommés pour suivre les ventes, qui seraient convaincus d'avoir abusé de leurs fonctions pour favoriser les accapareurs, seront punis de mort.

ART. X. Les négociants qui tiennent des marchandises en gros, sous cordes, en balle ou en tonneau, et les marchands débitants en détail, connus pour avoir des magasins, boutiques ou entrepôts ouverts aux acheteurs, seront tenus, huit jours après la publication de la présente loi, de mettre à l'extérieur de chacun de ces magasins, entrepôts ou boutiques, une inscription qui annonce la nature et la quantité des marchandises et des denrées de première nécessité qui pourraient y être déposées, ainsi que le nom du propriétaire, faute de quoi ils seront réputés accapareurs. Les fabricants seront obligés, sous la même peine, de déclarer la nature et la quantité des matières premières qu'ils ont dans leurs ateliers, et d'en justifier l'emploi.

ART. XI. Les fournisseurs des armées, autres que les négociants et marchands cités dans l'article précédent, produiront à leurs municipalités ou sections extrait des marchés qu'ils ont passés avec la république; ils indiqueront les achats qu'ils ont faits en conséquence, ainsi que les magasins ou entrepôts qu'ils auraient établis. S'il était prouvé que lesdits entrepôts ou magasins ne sont pas nécessités par la teneur des marchés, et que les denrées ou marchandises de première nécessité qui y sont déposées ne sont pas destinées aux armées, ceux qui auraient établi ces magasins ou dépôts seraient traités comme accapareurs.

ART. XII. Tout citoyen qui dénoncera des accaparements ou des contraventions quelconques à la présente loi, aura le tiers du produit des marchandises et denrées sujettes à confiscation; un autre tiers sera distribué aux citoyens indigents de la municipalité dans l'enceinte de laquelle se trouveront les objets dénoncés; le dernier tiers appartiendra à la république.

Celui qui dénoncera des marchandises ou denrées détruites volontairement, recevra une gratification proportionnée à la gravité de la dénonciation.

Le produit de toutes les autres marchandises et denrées confisquées en vertu de la présente loi, sera partagé par moitié entre les citoyens indigents de la municipalité qui aura procédé auxdites confiscations, et la république.

ART. XIII. Les jugements rendus par les tribunaux criminels en vertu de la présente loi, ne seront pas sujets à l'appel. Un décret particulier de la convention nationale ou du corps législatif, annoncera l'époque où cette loi cessera d'être en vigueur.

ART. XIV. Dès que la présente loi sera parvenue aux autorités constituées, elles en ordonneront la lecture dans leur séance publique, et la feront afficher et proclamer au son de la caisse, afin que personne ne puisse en prétexter l'ignorance.

Note 7, page 104.

Loi du 2 décembre 1814 relative à l'exportation des Grains, Farines et Légumes.

Louis., etc.

ART. I.er L'exportation des grains, farines et légumes, provisoirement permise par l'ordonnance du 26 juillet dernier, reste définitivement autorisée, aux conditions et sous les réserves exprimées dans les articles suivants.

ART. II. Pour cette exportation, les départements frontières de la France seront partagés en trois classes : Dans la première, seront compris les départements où les grains sont habituellement plus chers que dans le reste du royaume ; dans la seconde, ceux où ils se maintiennent à un prix moyen, et dans la dernière classe, ceux où ils sont ordinairement au prix le moins élevé.

ART. III. Les grains, farines et légumes, à leur sortie de France, ne seront assujettis qu'au simple droit de balance.

Art. IV. L'exportation des grains, farines et légumes, sera suspendue dans chaque département frontière, lorsque le blé-froment y aura atteint le prix de 23 fr. l'hectolitre pour la première classe, de 21 f. pour la seconde, et de 19 fr. pour la troisième.

Art. V. La suspension ne sera levée que lorsque les prix seront redescendus au-dessous des limites fixées dans l'article précédent, et d'après un ordre de notre ministre secrétaire d'état de l'intérieur.

Art. VI. Le prix moyen du blé-froment qui doit servir de règle dans chaque département frontière, pour l'exportation et la prohibition de sortie, sera établi et publié une fois par semaine, par les soins et à la diligence des préfets, qui prendront pour base le prix moyen des dernières mercuriales des trois principaux marchés de leurs départements.

Art. VII. Le choix des trois marchés principaux de chaque département de la frontière sera proposé par les préfets au directeur-général de l'agriculture et du commerce, et approuvé par le ministre secrétaire d'état de l'intérieur.

Art. VIII. Un réglement administratif déterminera la classe dans laquelle chacun des départements frontières sera placé, et désignera les ports et les bureaux de douane par lesquels la sortie des grains sera permise.

Art. IX. Il n'est point dérogé aux lois relatives à l'importation en France des grains, farines et légumes provenant de l'étranger, et à la circulation des subsistances dans l'intérieur, etc.

Note 8, page 104.

Discours de M. le Ministre de l'Intérieur.

Messieurs, le Roi nous a ordonné de vous présenter un projet de loi portant établissement de droits
à l'importation des grains étrangers. Ce projet se
rattache à de trop hautes questions de l'économie
politique, pour que nous ne vous donnions pas le
compte exact des faits qui ont amené à en reconnaître la nécessité, et des principes d'après lesquels
il a été conçu.

Le commerce des grains a été long-temps le sujet
d'une vive controverse qui a partagé les hommes les
plus éclairés, les plus sincèrement amis du bien
public. Des principes absolus ont été alternativement
établis et contestés. La liberté la plus entière, tant
pour la circulation intérieure que pour l'exportation
et l'importation, a été invoquée comme le seul
moyen de donner à l'agriculture tout le développement dont elle était susceptible, et d'établir, dans
les prix, une juste proportion entre les besoins du
cultivateur et ceux des consommateurs.

Malheureusement, cette théorie si simple en apparence, si naturelle, si conforme aux principes généraux, n'a pu trouver une application constante que
relativement à la circulation intérieure, dont les
avantages se sont fait, chaque jour, sentir d'une
manière plus incontestable, qui ne saurait être trop
facilitée, trop encouragée, et qui a été maintenue

avec tant d'efforts, tant de succès, contre tant de
plaintes et de réclamations, par l'administration,
durant le cours de nos dernières calamités; mais
pour tout ce qui tient au commerce extérieur, cette
même théorie a été combattue dans son application
par une foule de circonstances locales, de rapports
politiques, et de besoins particuliers aux différents
peuples.

De tristes expériences ont été faites, et il a été
démontré qu'en France les rapports entre la production et la consommation étant dans un équilibre habituel assez juste, tout ce qui venait à rompre trop
fortement, trop brusquement cet équilibre, avait les
conséquences les plus graves. En plusieurs circonstances, le commerce d'importation s'est montré im-
puissant à réparer assez promptement les vides
qu'avait causés une exportation immodérée; il a donc
fallu assujettir celle-ci à des règles qui pussent garantir les dangers de son exagération.

Nous n'entreprendrons pas de vous retracer les
différents systèmes qui ont été, tour-à-tour, à cet
égard, adoptés ou rejetés par l'administration anté-
rieure. Il nous suffira de vous rappeler que la législation actuelle, sur cette matière, est renfermée
toute entière dans la loi du 2 décembre 1814, qui
statue sur tout ce qui a trait à l'exportation, dans
l'ordonnance du 18 du même mois, rendue pour
l'exécution de cette loi, et dans la loi des finances
du 21 avril 1816, qui établit un droit de balance
sur les grains et farines importés en France.

En examinant ces différents actes de législation, on doit reconnaître que la loi du 2 décembre 1814, à une modification près, qui pourra paraître indispensable, a sagement réglé ce qui a trait à la faculté d'exportation ; que les bases adoptées dans cette loi sont bonnes, et que l'article 5, en rendant l'intervention du gouvernement nécessaire pour l'autorisation définitive de l'exportation, a paré à tous les inconvénients, autant qu'il est possible de le faire dans une matière aussi délicate.

Mais il n'en est pas de même pour l'importation, qui est entièrement libre sur tous les points des frontières de France, et dans toutes les circonstances, quelles qu'elles puissent être, à la charge seulement de payer le léger droit de balance établi par la loi d'avril 1816.

Cette simple précaution a pu paraître suffisante, alors que l'importation n'était qu'un cas d'exception assez rare, et que, hors quelques points des provinces méridionales qu'elle alimentait habituellement, son influence était nulle sur le reste de la France, ou plutôt n'y était connue que lorsqu'elle était appelée par le besoins d'une disette qui la rendait alors, non-seulement utile, mais même indispensable.

Aujourd'hui, tout est changé à cet égard. Le commerce s'est ouvert une nouvelle route d'où il peut tirer les produits les plus abondants, en se les procurant à des prix infiniment bas. Dès-lors tout équilibre est rompu entre les prix du dedans et du dehors, et l'agriculture française serait frappée du coup le plus rude, s'il n'était porté remède au danger qui la menace.

Les besoins que la disette de 1817 a enfantés, ont donné un tel essor à la culture du blé dans les provinces russes de la Mer-Noire, qu'il paraît certain qu'en ce moment les blés qui sont transportés de ces provinces à Marseille, n'y reviennent qu'à 13, 14 et 15 fr. l'hectolitre. Il est facile de voir quelles seraient les conséquences d'une telle importation dans des provinces où il est reconnu que l'agriculture ne peut avoir quelque prospérité si le blé n'y vaut pas plus de 20 fr. l'hectolitre, et il ne faut pas croire que le mal s'arrêterait à ces provinces seules. Les départements que baigne le cours du Rhône et de la Saône, tous ceux qui alimentent ordinairement les départements méridionaux, et y pourvoient à l'insuffisance ordinaire de récoltes de céréales, trouvant ce débouché fermé, devront refluer sur les départements voisins, et l'effet de cet état de choses qui se fait déja remarquer en ce moment, ne tarderait pas à se faire ressentir jusque dans les provinces du nord qui, depuis quelques années, grace à la facilité plus grande qui s'est établie dans les moyens de transport, sont en possession de fournir à une partie de la consommation du centre de l'est de la France ; rien n'empêcherait d'ailleurs les expéditions d'Odessa de se diriger sur tous nos ports de l'Océan. L'augmentation du frêt n'empêcherait pas que les bénéfices ne fussent encore énormes pour quiconque se livrerait à ce genre de spéculation.

Quand une fois le mal a été ainsi reconnu et
signalé, le gouvernement serait inexcusable de ne
pas y apporter tous les remèdes qui sont en son
pouvoir. Il ne saurait y avoir de difficultés que dans
le choix de ces remèdes; et c'est ici, messieurs, que
nous devons entrer dans l'exposition des principes qui
nous ont guidés dans la rédaction du projet de loi
que nous avons soumis au roi, et que sa majesté
nous a chargés de vous présenter en son nom.

Ces principes sont simples et clairs : ils sont appuyés de l'exemple d'un peuple voisin, chez lequel
ils reçoivent journellement le plus grand développement.

Si le commerce des grains pouvait être laissé entièrement libre, tant en exportation qu'en importation, les gouvernements seraient sans doute délivrés
d'une grande et terrible responsabilité; mais, ainsi
que nous l'avons déja dit, l'expérience a trop complètement prouvé que cette liberté absolue était in-
compatible avec la sécurité qui doit toujours présider
à l'approvisionnement d'un grand peuple, dont la
principale nourriture est en grains, et qui peut, par
une exportation inconsidérée, être privé d'une partie
importante de sa subsistance, laquelle ne pourrait
lui être rendue que par une importation toujours
beaucoup plus lente dans ses effets que l'exportation,
et qui, d'ailleurs, ne restituerait que moyennant des
prix très-élevés, ce qui serait sorti le plus souvent
aux prix les plus bas.

Une telle situation de choses commande impé-

rieusement à un pays dont les récoltes n'excèdent
pas constamment et pour des quantités fort considérables les besoins de sa population, ou dont l'approvisionnement n'est pas ou ne peut pas être habituellement confié au commerce extérieur, de restreindre l'exportation à des cas rares, de ne la
permettre que lorsque l'abondance est telle qu'elle
donne une entière sécurité pour l'avenir, et lorsque
la prolongation du bas prix qu'elle entraîne pourrait
compromettre les intérêts de l'agriculture d'une manière qui nuirait à la reproduction même. Tel est le
système dans lequel a été conçue la loi de 1814 ;
mais ce système a des conséquences qui sont des
inconvénients inévitables. Comme l'exportation n'est
permise que lorsque les quantités sont trop considérables dans l'intérieur pour que les prix s'y soutien-
nent à un taux convenable, la publication officielle
de ce fait accroît le mal qu'elle est destinée à empêcher. Les quantités diminuent sans doute, mais la
vilité des prix augmente quelquefois dans le premier
moment de cette mesure dans une proportion plus
forte par l'effet moral qui résulte de cette déclaration
publique du principe qui fonde et établit cette vilité.
Dans la rigueur du principe, l'importation devrait
être défendue du moment où l'exportation est permise. C'est à-peu-près ce qui se pratique en Angleterre. L'importation y est interdite de droit commun,
et elle n'y est permise que par exception, lorsque la
faiblesse des récoltes la rend ou utile ou nécessaire.
En France, au contraire, l'importation est permise

de droit commun. Cette différence, grande en apparence dans le point de départ, l'est cependant beaucoup moins qu'on le pourrait croire; et, pour arriver au même résultat qu'en Angleterre, il ne s'agirait que de prohiber l'introduction lorsqu'elle devient inutile, et par conséquent nuisible.

Mais la prohibition absolue a elle-même ses inconvénients, et on peut arriver au même résultat sans recourir à ce moyen extrême. L'établissement de droits sagement calculés, du moment où le prix des grains en France serait descendu à des taux déterminés par la loi, nous a paru avoir le double avantage, et de mettre à l'importation des entraves suffisantes pour arrêter son essor désordonné, et en même temps de favoriser l'établissement dans nos ports des entrepôts de grains étrangers; entrepôts qui sont d'une si grande ressource lorsqu'une disette vient à se déclarer; entrepôts qui sont si communs dans les ports d'Angleterre, et dont elle tire quelquefois un si grand parti; entrepôts qui n'existent guère en France que dans la ville de Marseille, et qu'il faut au moins protéger dans le lieu où l'habitude en est heureusement établie depuis long-temps.

C'est sans doute une sorte de prohibition que celle qui résulte d'une combinaison de droits telle, qu'il y ait, dans les cas prévus par la loi, un avantage constant pour les produits de l'intérieur sur ceux de l'extérieur; mais cette prohibition laisse encore au négociant entreposeur la faculté de se défaire de sa marchandise. A la vérité, il ne le peut faire le plus souvent qu'avec perte, mais personne n'ignore qu'il y a des moments où le commerce a un besoin indispensable de réaliser ses fonds, et où il est dans son intérêt de faire des sacrifices même considérables pour obtenir cet avantage, dont il n'est cependant pas à craindre qu'il veuille abuser ; on a donc cru pouvoir le lui accorder sans aucun inconvénient; on y a d'ailleurs apporté une restriction importante, toute importation devant être absolument défendue lorsque le prix du blé sera descendu à un taux trop au-dessous de celui où il doit être maintenu dans l'intérêt de l'agriculture.

Après vous avoir exposé, messieurs, le système général du projet de loi, il nous reste à vous développer ses principales dispositions, et nous allons, à cet effet, en parcourir rapidement les différents articles.

Le premier élève le droit permanent, autrefois connu sous le nom de balance, qui existe en vertu de la loi du 21 avril 1816. Il le porte de 50 centimes par quintal métrique de blé et de farines, à 1 fr. 25 cent. par hectolitre de grains, et à 2 fr. 50 cent. par quintal métrique de farines. Ce droit est réduit à 25 centimes par hectolitre de blé, et à 50 centimes par quintal métrique de farines, lorsque l'importation a lieu par navire français. Vous voyez qu'il résulte de cette disposition, une double prime pour l'agriculture et pour la navigation française. Cet avantage, calculé avec une grande modération, est de nature à ne pouvoir être refusé ni à l'une ni à l'autre.

Le second article prend les blés au moment où ils sont descendus au taux qui précède immédiatement celui où l'exportation peut en être permise, aux termes de la loi de 1814; et comme alors l'abondance intérieure est déja une chose évidente, il frappe les blés importés d'un droit fixe d'un franc.

L'article 3 établit un droit variable sur les blés importés, lequel sera de franc en franc; la différence en baisse qui existera entre le taux fixé par l'article précédent est le prix réel des blés. C'est là perception de ce droit qui doit mettre un terme aux abus de l'importation, puisqu'elle tend à ramener toujours dans nos ports les blés étrangers, au prix que doivent avoir les blés indigènes, pour que la vente et la culture de ceux-ci ne souffrent pas de leur concurrence.

L'article 4 fixe au double les droits perçus sur l'hectolitre de froment, les droits sur le quintal de farine. Un quintal métrique de farine n'équivaut pas tout-à-fait à deux hectolitres de blé, mais il a paru convenable d'accorder cette légère prime aux usines françaises sur les usines étrangères.

L'article 5 prohibe entièrement l'importation des grains et farines, lorsque le prix des blés-froments indigènes est tombé de 3 francs plus bas que le taux au-dessous duquel la loi en suspend l'exportation. Il n'est pas besoin d'insister sur les motifs de cette prohibition absolue, qui ont déja été exposés plus haut.

Pour l'exécution des articles 2, 3, 4, et 5, il faut nécessairement que la valeur des blés indigènes soit constatée d'une manière certaine et légale. Déja la loi

de 1814 avait prescrit un mode pour arriver à ce résultat, mais ce mode qui n'est pas sans inconvénient
pour l'exportation, n'aurait pu, sans de plus grands
inconvénients encore, s'appliquer à l'importation. En
effet, la loi de 1814, après avoir divisé les départements
frontières par classes, avoir fixé pour chaque classe
le taux auquel le blé doit être descendu pour que
l'exportation en soit défendue, isole ensuite tous ces
départements les uns des autres, et ordonne qu'il
sera fait, pour chacun d'eux, un prix moyen, qui
sera composé d'après les mercuriales de ses principaux marchés; c'est ce prix moyen qui sert ensuite
de règle pour l'exportation qui peut avoir lieu par ce
département même. Il est facile de voir combien un
prix moyen, pris sur les marchés d'un seul département, est une règle peu sûre, pour décider d'une exportation qui peut influer sur l'approvisionnement de
tout le royaume ou au moins d'une très-grande partie.
Il serait encore bien moins propre à servir de régulateur pour une importation qui ne peut jamais être
le résultat que de très-grandes spéculations commerciales ; outre les erreurs graves qu'il est dans sa nature
d'entraîner, il pourrait donner ouverture à des manœuvres franduleuses qui ne seraient pas sans danger.

Tout le monde conçoit, en effet, combien il est
facile, avec quelques capitaux dont on disposerait
habilement, de créer dans un seul département, et
sur trois marchés consécutifs, des prix entièrement
factices. Cet inconvénient est moins grave pour l'exportation, qu'il ne le serait pour l'importation, parce

qu'en dernier résultat, l'exportation ne peut avoir lieu sans une autorisation formelle du gouvernement. L'importation, au contraire, devant avoir lieu de plein droit et sans restriction, toutes les fois que les cas d'exception prévus par la loi ne seront pas arrivés, il est indispensable qu'aucun intérêt particulier ne puisse influer sur la survenance de ces cas.

C'est à quoi on croit avoir pourvu par les art. 6, 7 et 8, qui divisent les classes de départements frontières, établis, par la loi de 1814, en sections, conformément au tableau annexé au projet de loi, et qui chargent le ministre de l'intérieur du soin de faire insérer au bulletin des lois le prix moyen dans chacune de ces sections, en le prenant sur les mercuriales d'un certain nombre de gros marchés désignés par le tableau des sections, et qui sont connus pour être les véritables régulateurs du prix des grains dans les différentes parties de la France.

Le système des prix moyens, ainsi combiné, a paru de toute manière, tellement préférable à celui de la loi de 1814, qu'on propose dans l'article 9 subséquent, de l'étendre à l'exportation comme à l'importation, et ainsi on effacerait le seul inconvénient qui ait été jusqu'à ce jour reconnu dans cette loi. C'est celui que nous avons voulu signaler au commencement de cet exposé. Le commerce n'aurait alors pour toutes ses opérations, qu'un seul et même régulateur, toujours parfaitement authentique.

L'article 10 rend les dispositions des articles 2, 3, 4 et 5, applicables aux seigles et aux farines de seigles, orsque le prix en sera descendu au-dessous des trois quarts des prix auxquels la loi du 2 décembre 1814 suspend l'exportation du froment et des autres grains. Cette proportion est peu favorable à l'exportation du seigle, dont la valeur est réputée communément n'être que des deux tiers du blé-froment ; cette disposition est dans l'intérêt des fabriques d'eaux-de-vie et de vins.

Ces fabriques s'alimentent d'un produit du sol français. Celles d'eaux-de-vie de grains tirent en partie leur seigle de l'étranger. Le même article laisse au gouvernement la faculté de soumettre l'importation du maïs et de l'orge aux mêmes conditions que celles du froment, quand il le jugera à propos. On a cru que les circonstances qui influent sur les besoins que la consommation peut avoir de ces deux sortes de grains étant infiniment variables, il était préférable de ne pas assujétir formellement l'importation de ces produits d'agriculture à des dispositions qui pourraient inutilement mettre au commerce des entraves qu'il faut toujours lui éviter quand elles ne sont pas indispensables.

L'article 10 étend le droit d'établir des entrepôts de grains dans les ports du royaume, aux principaux points des frontières de terre où on suppose que ces entrepôts pourront être établis avec plus d'avantages. C'est une faveur qui ne peut qu'être utile au commerce, et qui tend en même temps à assurer des ressources à la consommation intérieure dans le cas de besoins extraordinaires.

Tels sont, messieurs, les principaux motifs du projet de loi que nous avons l'honneur de vous présenter.

Loi du 16 *juillet* 1819 *relative aux Grains.*

Louis, par la grace de Dieu, etc.

Art. I. Le droit permanent de cinquante centimes par quintal métrique, établi par la loi du 28 avril 1816 sur les grains et farines importés de l'étranger, est converti en un droit, également permanent, d'un franc vingt-cinq centimes par hectolitre de grains, et de deux francs cinquante centimes par quintal métrique de farines.

Ce droit sera réduit à vingt-cinq centimes par hectolitre de grains, et à cinquante centimes par quintal métrique de farines, lorsque l'importation aura lieu par navires français.

Art. II. Lorsque le prix des blés-froments indigènes sera descendu au taux de vingt-trois francs dans les départements compris dans la première classe établie par l'ordonnance du 18 décembre 1814 (1), rendue en exécution de la loi du 2 décembre même année, à celui de vingt-un francs dans les départements compris dans la seconde classe, à celui de dix-neuf francs dans les départements compris dans la troisième, les blés-froments étrangers importés dans ces départements paieront, indépendamment du droit permanent, un droit supplémentaire d'un franc par hectolitre, sans distinction de pavillon.

_____

(1) Nous nous sommes abstenus de la rapporter, parce que la division des départements en trois classes qu'elle a eu pour objet se trouve rappelée dans le tableau placé à la suite de la loi du 16 juillet 1819.

Art. III. Lorsque le prix des blés-froments indigènes sera descendu au-dessous des taux mentionnés dans l'article précédent, chaque franc de diminution donnera lieu, indépendamment du droit permanent et du droit supplémentaire réglé par l'article 2, à un nouveau droit supplémentaire d'un franc par hectolitre, et également sans distinction de pavillon.

Art. IV. Dans les cas prévus par les articles 2 et 3, le quintal métrique de farine de grains venant de l'étranger paiera, indépendamment du droit permanent, le triple des droits supplémentaires imposés sur l'hectolitre de grains.

Art. V. Lorsque le prix des blés-froments indigènes sera tombé au-dessous de vingt francs dans les départements compris dans la première classe établie par l'ordonnance du 18 décembre 1814, au-dessous de dix-huit francs dans les départements de la seconde classe, et au-dessous de seize francs dans les départements de la troisième classe, toute introduction de blés et de farine de blés étrangers, pour la consommation nationale, sera prohibée dans lesdits départements.

Art. VI. Pour l'exécution des dispositions portées aux articles 2, 3, 4, et 5, le ministre de l'intérieur fera dresser et arrêtera, à la fin de chaque mois, un état des prix moyens des grains vendus sur les marchés qui seront ci-après désignés : cet état sera publié au Bulletin des lois, le 1er de chaque mois ; il servira, pendant le mois de sa publication, à percevoir, s'il y a lieu, les droits supplémentaires établis par les articles 2, 3 et 4, et à l'exécution de l'article 5.

Art. VII. Pour l'établissement et l'application des prix moyens mentionnés en l'article précédent, les départements frontières compris dans les trois classes déterminées par l'article 2 de la loi du 2 décembre 1814 et par l'ordonnance du 18 du même mois, seront divisés en sections, conformément au tableau annexé à la présente loi.

Art. VIII. Il sera établi un prix moyen pour chacune de ces sections; ce prix se réglera sur les mercuriales des deux premiers marchés du mois courant et du dernier marché du mois précédent : ces mercuriales seront celles des marchés régulateurs indiqués, pour chaque section, sur le tableau annexé à la présente loi.

Art. IX. A l'avenir, les prix moyens arrêtés et publiés, conformément à la présente loi, serviront à régler la suspension de l'exportation dans les différentes sections indiquées au tableau qui y est annexé. Ils remplaceront ceux qui devaient être dressés en exécution des articles 6 et 7 de la loi du 2 décembre 1814, lesquels sont abrogés.

Art. X. Les dispositions des articles 2, 3 et 4 de la présente loi, seront applicables aux seigles, maïs, et aux farines de seigle et de maïs, lorsque le prix en sera descendu à dix-sept francs l'hectolitre dans les départements de la première classe, à quinze francs dans les départements de la seconde classe, à treize francs dans les départements de la troisième classe.

Chaque franc de diminution dans ces prix donnera lieu aux droits supplémentaires établis par l'article 3.

La prohibition portée par l'article 5 sera applicable aux seigles, maïs, et aux farines de seigle et maïs, lorsque le prix de ces grains sera descendu au-dessous de quatorze francs dans les départements de la première classe ; au-dessous de douze francs dans les départements de la seconde classe, au-dessous de dix francs dans les départements de la troisième classe.

Les mêmes dispositions des articles 2, 3, 4, et 5, pourront être étendues par des ordonnances royales, à l'orge et autres grains non dénommés ci-dessus.

Art. XI. Il n'est rien changé aux dispositions des lois et réglements qui autorisent l'entrepôt réel des grains étrangers dans les ports du royaume : cette autorisation est étendue aux villes de Strasbourg, Sierck, Thionville, Charleville, Givet, Lille et Valenciennes.

La réexportation des grains entreposés ne pourra, dans aucun cas, être gênée ni interdite, sous quelque prétexte que ce soit.

Art. XII. Le gouvernement est autorisé à modifier, dans l'intervalle des sessions, le tableau annexé à la présente loi, sauf à faire approuver ces modifications à la première session qui suivra.

La présente loi, discutée, délibérée et adoptée, etc.

Signé LOUIS.

Par le Roi :

Le Ministre Secrétaire d'état au département de l'intérieur,

Signé LE COMTE DECAZES.

TABLEAU *de la division en sections des trois classes de départements établies par la loi du 2 décembre 1814 relative à l'exportation des grains, farines et légumes, et par l'Ordonnance du 18 du même mois.*

SECTIONS.	DÉPARTEMENTS DE LA 1.re CLASSE.	MARCHÉS régulateurs.
	(L'exportation ne peut être permise dans ces départements que quand le blé-froment est au-dessous de 23 francs l'hectolitre.)	
1.re	De la Gironde, des Landes, des Basses-Pyrénées, des Hautes-Pyrénées, de l'Ariège et de la Haute-Garonne.	Marans, Bordeaux, Toulouse.
2.e	Des Pyrénées-Orientales, de l'Aude, de l'Hérault, du Gard, des Bouches-du-Rhône, du Var, des Basses-Alpes, des Hautes-Alpes, de l'Isère, de l'Ain, du Jura et du Doubs.	Toulouse, Marseille, Arles, Lyon.
	DÉPARTEMENTS DE LA 2.e CLASSE.	
	(L'exportation ne peut être permise dans ces départements que quand le blé-froment est au-dessous de 21 francs l'hectolitre.)	
1.re	Du Haut-Rhin et du Bas-Rhin.	Mulhausen, Strasbourg.
2.e	Du Nord, du Pas-de-Calais, de la Somme, de la Seine-Inférieure, de l'Eure et du Calvados.	Bergues, Arras, Roye, Soissons, Paris, Rouen.
3.e	De la Loire-Inférieure, de la Vendée et de la Charente-Inférieure.	Saumur, Nantes, Marans.
	DÉPARTEMENTS DE LA 3.e CLASSE.	
	(L'exportation ne peut être permise dans ces départements que quand le blé-froment est au-dessous de 19 francs l'hectolitre.)	
1.re	De la Moselle, de la Meuse, des Ardennes et de l'Aisne.	Metz, Verdun, Charleville, Soissons.
2.e	De la Manche, d'Ille-et-Vilaine, des Côtes-du-Nord, du Finistère et du Morbihan.	Saint-Lô, Paimpol, Quimper, Hennebon, Nantes.

ORDONNANCE DU ROI *qui rapporte celle du 3 Août 1815 concernant l'Exportation des Grains, et contient le Tableau des Ports et Bureaux de douanes désignés pour l'Importation et Exportation des Grains, Farines et Légumes, dans chacun des Départements de la frontière.*

Louis, par la grace de Dieu, etc.

Vu la loi du 2 décembre 1814 concernant l'exportation des grains ;

Les articles 6, 7, 8 et 9 de celle du 16 juillet 1819, relative à l'importation et à l'exportation de ces denrées ;

Notre ordonnance du 18 décembre 1814, rendue en exécution de la première de ces deux lois ;

Notre ordonnance du 3 août 1815, qui a suspendu temporairement, et à raison des circonstances pénibles survenues dans la situation des subsistances, la sortie des grains, farines, légumes et fourrages hors de notre royaume ;

Vu enfin nos ordonnances des 23 juin et 22 septembre derniers, par lesquelles l'ordonnance du 3 août 1815 a été révoquée, en ce qui concerne la prohibition de sortie des farines, biscuits et légumes,

Et le tableau des prix moyens régulateurs des grains, publié le 30 septembre dernier par notre ministre secrétaire d'état de l'intérieur,

Nous avons ordonné et ordonnons ce qui suit :

Art. Ier Notre ordonnance du 3 août 1815, concernant l'exportation des grains, cessera d'avoir son effet.

Art. II. En conséquence, les grains de toute espèce pourront sortir librement du royaume, dans les limites et sous les conditions indiquées par la loi du 2 décembre 1814, modifiées par l'article 9 de celle du 16 juillet 1819.

L'exportation des farines, permise par notre ordonnance du 23 juin dernier, est assujettie aux mêmes conditions.

Art. III. La désignation des ports et bureaux de douanes par lesquels ces exportations pourront avoir lieu, telle qu'elle avait été fixée par notre ordonnance du 18 décembre 1814(1), est rectifiée conformément au tableau annexé à la présente.

Les importations de grains, farines, biscuits et légumes, se feront exclusivement par les mêmes ports et bureaux de douanes.

Art. IV. Nos ministres secrétaires d'état de l'intérieur et des finances sont chargés de l'exécution de la présente ordonnance, qui sera insérée au bulletin des lois.

---

(1) Voici l'article 3 de l'ordonnance du 18 décembre 1814.
« Toute exportation ou tentative d'exportation de grains farines et légumes, par d'autres points des frontières de terre et de mer, sera poursuivie et punie conformément aux dispositions de la loi du 26 ventôse an V. »
Remarquons que les mêmes peines seraient applicables à ceux qui introduiraient ou exporteraient des grains par d'autres points que ceux désignés dans le tableau placé à la suite de l'ordonnance du 6 octobre 1819.

TABLEAU *des Ports et Bureaux de Douanes désignés pour l'Importation et l'Exportation des Grains, Farines et Légumes, dans chacun des Départements de la Frontière.*

NOMS DES DÉPARTEMENS frontières.	PORTS ET BUREAUX DE DOUANES par où l'exportation aura lieu.
AISNE	La Capelle, Hirson, Aubenton.
ARDENNES	Givet, Rocroy, Gué-d'Hossus, Fumay, Givonne, Messiucou.t, Carignan, Saint Menges, Sedan, Charleville et Gesponsard.
MEUSE	Faguy, Montmédy, Thonne-la-Long, Marville.
MOSELLE	Longwy, Mont-Saint-Martin, Sierck, Apach, Schwerdroff, Waldewiese, Launstroff, Frauenberg, Bitche, Grosblidersdorff, Schweyer, Stulzelbroünn, Bouzonville et Sarguemines.
BAS-RHIN	Lembach, Wisseinbourg, Münchhausen, Seltz, Belheim, Fort-Louis, Drusenheim, Gambsheim, la Wantzenau, le Pont-du-Rhin, Rhinau, Marckolsheim et Lauterbourg.
HAUT-RHIN	Croix, Delle, Pfetterhausen, Folgensbourg, Durlingsdrost, Ottingen. Hegenhelm, Bourgfelden, Saint-Louis, Huningue, Chalampé, l'Ile-de-Paille, Artzheim.
DOUBS	Morteau, Pontarlier, Verrières-de-Joux, Jougne, Montbéliard.
JURA	Morez.
AIN	Nantua, Bellegarde, Seyssel, Belley, Cordon.
ISÈRE	Chapareillaus, le Touvet, Pont-Charra, la Chapelle-du-Bard, Bourg-d'Oisans, Pont-de-Beauvoisin, Entre-deux-Guiers, la Tour-du-Pin.
HAUTES-ALPES	Briançon, Mont-Genèvre, Guillestre, Abriès.
BASSES-ALPES	Barcelonnette, Saint-Paul, Larche, Fours, Allos, Colmars, Entrevaux, Aunot, Saint-Pierre, les Sausses.
VAR	Toulon, Antibes, Saint-Laurent-du-Var, Saint-Tropez, les Salins, Bandol, Cannes, Saint-Raphaël.
BOUCH.-DU-RHÔNE	Marseille, Arles, Cassis, Badon. Vignoles, Martigues, Port-de-Bouc, la Valduc, Berre, la Ciotat.

NOMS DES DÉPARTEMENS frontières.	PORTS ET BUREAUX DE DOUANES par où l'exportation aura lieu.
GARD	Aigues-mortes.
HÉRAULT	Cette, Agde.
AUDE	Narbonne, la Nouvelle.
PYRÉNÉES-ORIENT..	Collioure, Port-Vendre, Saint-Laurent de la Salanque et Canet, *par mer;* Perthus, Prats-de-Mollo, Costonges et Bourg-Madame, *par terre.*
ARIÈGE	Tarascon, Ax, Seix, Sentein.
HAUTE-GARONNE	Bagnères-de-Luchon Saint-Béat.
HAUTES-PYRÉNÉES	Argelès, Arreau.
BASSES-PYRÉNÉES	Baïonne, Saint-Jean-de-Luz, *par mer;* Saint-Jean-Pied-de-Port, *par terre.*
LANDES	Saint-Esprit-lès-Baïonne.
GIRONDE	Bordeaux, Libourne, Blaye, Paulliac, la Tête-de Buch.
CHARENTE-INFÉR	Marans, la Rochelle, Marennes, Charente, Rochefort, la Tremblade.
VENDÉE	Luçon, Saint-Gilles, Moricq, Saint-Michel-en-Lherm, les Sables-d'Olonne, Beauvoir, Noirmoutiers, Bouin.
LOIRE-INFÉRIEURE..	Nantes et lieux de chargement situés au-dessous jusqu'à Paimbœuf, Paimbœuf, Saint-Nazaire, le Pouliguen, le Croisic, Mesquer, Pornic, Bourg-neuf.
MORBIHAN	Lorient, Hennebond, Auray, Vannes, Sarzeau, Penerf, la Roche-Bernard.
FINISTÈRE	Quimper, Quimperlé, Brest, Morlaix, Roscoff, Pontaven, Pont-l'Abbé, Audierne, Landerneau.
CÔTES-DU-NORD	Dinan, Dahouet, le Légué, Pontrieux, Paimpol, Lannion, Tréguier, Port-à-la-Duc, Portrieux,
ILLE-ET-VILAINE	Redon, Saint-Malo, Saint-Servan.
MANCHE	Cherbourg, Barfleur, la Hougue, Avranches, Saint-Léonard, Granville, Regneville, Port-Bail, Carteret, Saint-Germain-Sur-Aï, Omonville, Carentan.
CALVADOS	Caen, Honfleur, Isigny.
EURE	Quillebœuf.

NOMS DES DÉPARTEMENS frontières.	PORTS ET BUREAUX DE DOUANES par où l'exportation aura lieu.
SEINE-INFÉRIEURE...	Rouen, Caudebec, le Havre, Fécamp, Dieppe, Saint-Valery-en-Caux.
SOMME...............	Saint-Valery-sur-Somme.
PAS-DE-CALAIS........	Boulogne, Calais, Étaples.
NORD...............	Maubeuge, Bavai, Malplaquet, Bettignies, Jeumont, Consolre, Solre-le-Château, Trélon, Valenciennes, Blanc-Misseron, Condé, Maulde, Saint-Amand, Halluin, Commines, Werwick, Armentières, Pont-Rouge, Baisieux, Bailleul, Steenvoorde, Dunkerque, Gravelines, Zuitcoote, Bergues, Hondscoote, Oost-Capel.

FIN.

www.ingramcontent.com/pod-product-compliance
Lightning Source LLC
Chambersburg PA
CBHW060600210326
41519CB00014B/3523